In konkreter Lage

Fröhliche Wissenschaft 226

Panajotis Kondylis

In konkreter Lage

Gespräche

Matthes & Seitz Berlin

Inhalt

Nur Intellektuelle behaupten, dass Intellektuelle die Welt besser verstehen als alle anderen

Panajotis Kondylis im Gespräch mit Marin Terpstra (1994)

MT: Herr Kondylis, Sie sind zunächst der Autor einiger umfangreicher Studien über wichtige Aspekte der abendländischen Ideengeschichte und des abendländischen Denkens. Sie haben über Philosophen und ihre Gedanken geschrieben und sind der Herausgeber von zwei Anthologien mit Texten von Philosophen. Sie haben aber auch ein systematisches Werk verfasst, das Ihre philosophischen Grundanschauungen darstellt. Außerdem haben Sie sich in den letzten Jahren in politischen Debatten zu Wort gemeldet. Wie würden Sie sich selbst eher umschreiben: als Historiker, als Philosophen oder als politischen Denker? Und sollten Sie sich etwa mit jedem dieser drei Typen identifizieren können, wie kommen Sie dann mit den unvermeidlichen Spannungsfeldern zwischen diesen Disziplinen zurecht?

PK: Wie man sich bezeichnet oder wie man sich bezeichnen lässt, ist nebensächlich und oft zufällig. Als Erstes sollte interessieren, was man sagt und ob man überhaupt etwas zu sagen hat. In meiner wissenschaftlichen Tätigkeit bin ich ein Beobachter der menschlichen Dinge, ein Analytiker menschlichen Verhaltens in konkreten Lagen. Nun will ich menschliches Verhalten nicht aus der Sicht »der« Philosophie, »der« Politik, »der« Soziologie oder »der« Geschichte erfassen und darstellen, sondern gerade umgekehrt: Meine Absicht geht dahin, die Einheitlichkeit seiner Grundstrukturen und die innere Logik seiner Entfaltung auf den Gebieten des philosophischen, politischen, sozialen und geschichtlichen Handelns sichtbar werden zu lassen. Menschen verhalten sich nicht anders, wenn sie sich etwa philosophisch betätigen, als wenn sie politisch und sozial aktiv sind. Sie beziehen nämlich eine Position, die mit den Positionen mancher Menschen übereinstimmt und sich gleichzeitig gegen andere wendet; es besteht ja kein Grund, eine Position in die Welt zu setzen, wenn man nicht bestimmte andere für falsch oder schädlich hält. Daraus erhellt sich, warum der Traum beziehungsweise der Machtanspruch der (meisten) Philosophen nie in Erfüllung gehen wird, welche meinen, »die« Philosophie könne als privilegierte Tätigkeit sui generis der restlichen Welt den Weg zur Harmonie weisen. Die Struktur philosophischen Handelns holt die Ambitionen der philosophisch Handelnden ein. Trotz der Versicherungen derjenigen, die Interpretationsmonopole anstreben und im Namen »der« Philosophie ihre Stimme erheben, hat es bisher keine einheitliche Philosophie gegeben; schon deshalb kommt keine Verwirklichung »der« Philosophie infrage – und es ist damit umso weniger zu rechnen, je stärker philosophische Theorien als normative Gebote auftreten. Dasselbe Schicksal muss politische und soziale Theorien ereilen, die sich von normativen Vorstellungen und Wünschen leiten lassen.

Löst man sich im Gegenteil davon und stellt die Einheitlichkeit menschlichen Verhaltens im obigen Sinn fest, so kann man sich einer einheitlichen Begrifflichkeit bedienen und die Grenzen zwischen den Disziplinen sprengen, indem Letztere gleichsam von außen betrachtet werden. Das soll nicht heißen, dass dieselben Termini technici zu gebrauchen sind, gleichviel, welches besondere Gebiet jeweils behandelt wird. Es darf auch nicht nach Belieben alles mit allem gemischt werden; postmoderner Brei mag leicht verdaulich sein, solide Nahrung bietet er nicht. Bei der Schilderung des jeweiligen Verhaltens wird, um mit Max Weber zu sprechen, der subjektiv gemeinte Sinn gesucht und erläutert – und ebendieser Sinn artikuliert sich in Begriffen, vor allem dann, wenn es um das Handeln in theoretischer Gestalt geht. Wir bewegen uns hier gleichzeitig auf zwei Ebenen, das muss aber kein Teufelskreis sein.

Welche Begriffe sollen nun auf der deskriptiven Metaebene verwendet werden? Das ist für mich eine rein technische, eine Zweckmäßigkeitsfrage. Vom terminologischen Chinesisch halte ich sehr wenig; doch andererseits ist gerade jemand, der mehrere Disziplinen unter die Lupe nimmt beziehungsweise auf ihrem besonderen Gebiet arbeitet, dazu verpflichtet, sich im jeweiligen Vokabular genau auszukennen; die Logistik der modernen Kriegsführung lässt sich nicht mit dem Instrumentarium der hegelschen »Logik« beschreiben, trotz ihres universalen Anspruchs. Die zentralen Begriffe der deskriptiven Metaebene, die ich in *Macht und Entscheidung* erläutert habe, sind in der Regel solche, die mehr oder weniger in allen »Sciences humaines« geläufig sind und glücklicherweise die Berührung mit dem lebendigen Sprachgebrauch nicht verloren haben. Ihr *deskriptiver* Sinn muss freilich eigens erläutert werden, zumal sie aufgrund ihrer Vorgeschichte normativ-ethisch geladen sind.

Eine letzte Bemerkung: Wer Theorien als Verhaltensformen auffasst, darf viel weniger als andere den künstlich-fiktiven Charakter von Begriffen und Denkkonstruktionen aus den Augen verlieren. Über ihn kann man sich indes als Mensch, das heißt als endliche Intelligenz, ebenso wenig hinwegsetzen, wie man über den eigenen Schatten springen kann. Abhilfe in dieser Not schafft nur das immer wache Bewusstsein dieser Fiktivität, also das strenge Auseinanderhalten und das möglichst anschauliche Abheben der Ebene der Darstellung von der Ebene der realen Vorgänge. Dafür gibt es freilich keine Rezepte und keine methodologischen Anweisungen, die unabhängig von der individuellen Qualität, das heißt der Bildung, dem Einfühlungsvermögen und dem Assoziationsreichtum des Forschers, zur Anwendung gebracht und Allgemeingut werden könnten. Maßstab des Erfolgs bleibt das erzielte Resultat. Und das Resultat wird seinerseits an der Beantwortung der Frage gemessen: Wie viele und wie wichtige empirische Phänomene, wie viel lebendige Geschichte habe ich auf diesem Wege verständlicher gemacht? Die Frage mag heute in den überaus verfeinerten Ohren von Epistemologen und Methodologen naiv klingen, so naiv und elementar möchte ich aber meine Fragestellung halten.

MT: Ihre mehr historischen Hauptwerke handeln von einigen großen Phänomenen des Denkens in dessen Geschichte: dem Entstehen der Dialektik, dem Phänomen der Aufklärung und des Konservativismus und der Entwicklung der Metaphysikkritik im Laufe der Jahrhunderte. Was hat Sie dazu veranlasst, gerade diese Phänomene zu untersuchen? Ist ein Zusammenhang zwischen ihnen erkennbar?

PK: Meine historischen Werke enthalten eine Theorie der europäischen Neuzeit. Sie bilden jeweils Analysen von grundlegenden geistesgeschichtlichen und politisch-sozialen Aspekten dieser erstaunlichen Entwicklung, die in unsere heutige planetarische Geschichte mündet. In meinen Arbeiten über den Niedergang der bürgerlichen Denk- und Lebensform und über die planetarische Politik nach dem Zusammenbruch des Kommunismus bin ich auf die sozialgeschichtlichen Bezüge meiner früheren geistesgeschichtlichen Analysen näher eingegangen und habe die Gründe angedeutet, die darauf schließen lassen, dass die europäische Neuzeit als Geschichtsepoche mit spezifischen Merkmalen zu Ende ist, obwohl unsere festgewurzelten Denkgewohnheiten dies nicht wahrhaben wollen. Aber das ist ein Kapitel für sich.

Zur Beantwortung Ihrer Frage will ich noch erwähnen, dass es mir in diesen historischen Werken nicht zuletzt darum geht, die hermeneutische Fruchtbarkeit meiner allgemeinen Betrachtung unter Beweis zu stellen. Wenn es einer Betrachtung gelingt, scheinbar weit auseinanderliegende Themen und Phänomene zusammenzuführen und einheitlich zu erfassen, dann spricht offenbar Vieles für sie. Ein methodologisch orientierter Vergleich von Werken wie etwa *Die Aufklärung*, *Konservativismus* oder *Theorie des Krieges* dürfte dem aufmerksamen Leser die Art und Weise verdeutlichen, wie die bereits angesprochene Sprengung der Grenzen zwischen den Disziplinen zu bewerkstelligen ist. Dabei handelt es sich freilich nicht bloß und nicht abstrakt um die »richtige Methode«, sondern vielmehr um die dahinterstehenden Annahmen, die eine fruchtbare Methode erst ermöglichen. Der manchmal frustrierende Umfang und die Ausführlichkeit meiner historischen Werke gehen auf mein Bestreben zurück, die Fruchtbarkeit des methodischen Zugangs an der Erfassung von Ganzheiten sichtbar zu machen. Nur wo ein Ganzes lückenlos interpretiert wird, kann man von der Stichhaltig- und Sachlichkeit der Interpretation einigermaßen überzeugt sein, während normative oder inhaltliche Voreingenommenheit in der Regel mit selektiver Behandlung des Stoffes einhergeht. Dies impliziert, dass sich eine Widerlegung meiner Resultate nur auf der Basis von zumindest ebenso umfassenden Materialanalysen legitimieren lässt.

Ein Wort zur Arbeit über die Entstehung der hegelschen Dialektik, die Sie erwähnt haben. Leitend war hier ursprünglich das Interesse an der Erhellung der Vorgeschichte des Marxismus und der weltanschaulichen Voraussetzungen seiner Geschichtsphilosophie. Die positive und negative Auseinandersetzung mit dem Marxismus auf der Ebene der Theorie und mit der kommunistischen Bewegung auf der Ebene der politischen Praxis ist eine zentrale Erfahrung in meinem geistigen und persönlichen Leben gewesen. Wer ähnliche Erfahrungen hat, wird die Spuren dieser Auseinandersetzung in meinen Schriften unschwer finden.

MT: In Ihrem Buch über die Aufklärung steht in der Einleitung der Satz: »Das Denken ist wesentlich polemisch.« In diesem mit Carl Schmitts Gedanken verwandten Satz, dass alle politischen Begriffe vom Ursprung her polemische Begriffe sind, scheinen Sie das polemische Wesen aller Begriffe vorauszusetzen. In derselben Einleitung beanstanden Sie den polemischen Gebrauch, den andere von den Gedanken der Aufklärer gemacht haben. Interpretiere ich Sie richtig, wenn ich daraus schließe, dass für Sie das Denken an sich neutral ist oder doch sein kann, wenn es auch von Nicht-Philosophen in polemischer Absicht gebraucht oder missbraucht wird? Gibt es, anders gesagt, neben der polemischen auch eine logische Konsequenz an sich, die in gegebener Lage polemisch missbraucht werden kann? Wie verhalten sich die beiden Konsequenzen zueinander? Als »reines« und »angewandtes« Denken?

PK: Ich darf zunächst bemerken, dass ich den polemischen Gebrauch des aufklärerischen Denkens seitens anderer nicht »beanstandet«, sondern einfach festgestellt habe. Was vielleicht dem Leser wie ein »Beanstanden« vorkommen könnte, ist ein nachdrücklicher Hinweis auf die Diskrepanz zwischen prosaischem Tun und idealisiertem Selbstverständnis der Akteure. Es würde mich übrigens sehr wundern, wenn Denken, das im Zeichen moralisch-normativer Grundentscheidungen steht, nicht ab ovo polemisch wäre. So gesehen ist Polemik kein Missbrauch, sondern der normale Gebrauch des Denkens. Das Gegenteil vom logischen ist nicht das polemische, sondern das unlogische oder logisch falsche Denken.

Logik ist keineswegs mit »Vernünftigkeit« oder »Rationalität« im moralisch-normativen Sinne identisch, sondern sie besteht in der argumentativ korrekten Entfaltung einer Position, wobei Korrektheit an formalen Kriterien gemessen wird, zum Beispiel am Fehlen von logischen Sprüngen, zweideutigen Termini etc. Man kann daher prüfen, ob eine weltanschauliche Grundentscheidung logisch korrekt theoretisiert wurde, die Beurteilung ihrer »Rationalität« steht aber auf einem anderen Blatt. Moralisch-normativistisches und wertfrei-deskriptives Denken können sich gleichermaßen logisch entfalten. Die Logik kann sich eben deshalb in den Dienst aller möglichen Positionen stellen, weil sie dieselben nicht erzeugt – insofern sind Logik und logisches Denken überhaupt neutral. Der Charakter eines Denkens entscheidet sich nicht an der Frage der Logik, sondern an der Frage der Normen und der Werte. Es kommt nämlich darauf an, ob Normen und Werte ausdrücklich oder stillschweigend die Denkbemühung leiten oder ob die Denkbemühung solche Normen und Werte sowie das von ihnen geleitete theoretische Verhalten zu ihrem Gegenstand macht.

Obwohl nun polemische und logische Konsequenz sich nicht grundsätzlich gegenseitig ausschließen, kommt es in der Geistesgeschichte oft vor, dass die polemische Konsequenz die logische beiseiteschiebt. Dies geschieht, wenn jemand eine in sich widersprüchliche Position bekämpfen will und dabei jedem Glied dieses Widerspruchs ein Glied des umgekehrten Widerspruchs gegenüberstellt; in meinen Arbeiten habe ich einige geistesgeschichtlich wichtige Beispiele dafür analysiert. Deskriptiv-wertfreies Denken kann ebenfalls unlogisch verfahren, der Grund dafür kann indes in diesem Fall nicht am Überhandnehmen der polemischen Komponente liegen. Begriffe sind im Allgemeinen polemisch wegen ihrer normativen Ausrichtung. Gerade die Berufung aller Seiten auf Normen und Werte beziehungsweise auf deren »wahre« Interpretation intensiviert die Polemik und den Kampf; Moral mit sozialem Anspruch, nicht selbstgenügsame Skepsis, macht die Menschen zu Konkurrenten oder Feinden. Aber auch Begriffe, die prima facie nichts Normatives zu implizieren scheinen, können dasselbe bewirken. Es geht dabei um den Fall, bei dem eine Partei ihre Identität symbolisch mit einem Begriff verbindet, sodass die Durchsetzung oder Niederlage dieses Begriffes im geistigen Spektrum symbolisch für die Durchsetzung oder Niederlage der betreffenden Partei steht.

MT: Seit der Renaissance (namentlich Machiavelli, Hobbes, Spinoza) entwickeln sich Gedanken, die »logisch konsequent« zum Nihilismus, das heißt zur Leugnung objektiver Normen und Werte, führen müssen. Ist dagegen nicht das ganze postmittelalterliche oder posttheologische Denken und nicht erst die Aufklärung ein Versuch, dieser »logischen Konsequenz« zu entgehen, während nur wenige Denker (wie die vorher genannten) gegen den Strom zu schwimmen wagten und der Vertröstung die Wahrheit vorzogen? Und ist in dieser Hinsicht ihr »deskriptiver Dezisionismus« nicht eher die Vollendung dieser »logischen Konsequenz«?

PK: Die Frage ist mit einem einfachen »Ja« zu beantworten. Trotzdem möchte ich zwei Punkte hervorheben. Erstens, der Zweifel an der Objektivität von Normen und Werten meldete sich nicht nur im Abendland und nicht erst in der Neuzeit. Das indische und das chinesische Denken kennen bereits solche Ansätze, und in der griechischen Antike hat die Sophistik dieselbe Position auf der Basis des Gegensatzes zwischen Nomos und Physis herausgearbeitet. Platons Philosophie war im Grunde ein groß angelegter Versuch, dem sophistischen Relativismus mit letzten, also ontologischen und metaphysischen, Argumenten zu begegnen. Jede Philosophie, die die Objektivität von Normen und Werten vertritt, kann deshalb nicht umhin, sich Platonisches anzueignen, gleichviel in welcher Form und welcher Dosierung. Diese Feststellungen – die soziale Vorherrschaft des Normativismus und der uralte Guerillakrieg gegen ihn – sind von erheblicher Bedeutung, wenn wir den Charakter und die Funktionen philosophischen Denkens in seinen konstanten anthropologischen und sozialen Bezügen, also als verfeinerte Artikulierung der Selbsterhaltungsanstrengung menschlicher Gesellschaften, jenseits der jeweiligen geschichtlichen Akzidenzien verstehen wollen.

Die europäische Neuzeit musste ständig gegen den Wertrelativismus beziehungsweise Nihilismus ankämpfen, weil ihr rationalistischer Ansatz derart konzipiert war, dass seine logisch konsequente Weiterverfolgung auf ebendiesen Nihilismus hinauslief. Gegen die aristotelische Substanzontologie wurde funktionales Denken aufgeboten, und dann musste die Gefahr der Auflösung aller Substanzen in veränderlichen Funktionen durch die Aufstellung von neuen Hypostasen gebannt werden: »Natur«, »Mensch« und »Geschichte« lösten somit Gott und den (transzendenten) Geist ab. Der Funktionsgedanke setzte sich dennoch allmählich im Laufe des 20. Jahrhunderts vor dem Hintergrund einer planetarischen Umwälzung auf der ganzen Linie durch. (Der Schilderung dieses Vorgangs sind meine Bücher über die Aufklärung, die neuzeitliche Metaphysikkritik und den Niedergang der bürgerlichen Denk- und Lebensform gewidmet.)

Zweitens, ich lege besonderen Wert auf Ihre Erläuterung des Nihilismus als »Leugnung von objektiven Normen«. Nihilismus kann also nicht den Aufruf zur Zerstörung bedeuten, wenn aus der Zerstörung nicht eine neue Norm werden soll, was einfach unlogisch wäre. Die größten Zerstörungen in der bisherigen Geschichte wurden übrigens im Namen von Normen und Werten durchgeführt, gleichviel, ob ihr jeweiliger Gegner sie für die »falschen« oder gar für »nihilistisch« hielt. Die eigentlich reizvolle Frage ist die: Warum bleibt Denken nicht bei den beruhigenden, lebenserhaltenden Gewissheiten des Normativismus, sondern wagt sich ab und zu in solche gefährlichen Gebiete? Die Antwort darauf würde uns aber zu weit führen.

MT: Ausgangspunkt Ihrer Untersuchungen ist, wie Sie öfters festgestellt haben, die Wahrnehmung der Handlungen konkreter Menschen in ihren konkreten Lagen. Diese Menschen verfechten ihre unterschiedlichen Streitpunkte unter anderem mit Wörtern und Ideen. Ihrer Ansicht nach sind philosophische Systeme oder Weltbilder nur die systematische Ausarbeitung von Gedanken, die in dieser konkreten historischen Polemik wurzeln. Meine Frage: Wurzelt Ihre eigene Betrachtungsweise nicht genauso in solchen konkreten historischen Umständen, und ist sie aus diesem Grunde nicht auch ein Weltbild unter anderen? In *Macht und Entscheidung* scheinen Sie dies zu bestätigen. Deutet die Tatsache, dass Ihre Betrachtungsweise deskriptiv ist (und nicht normativ, wie ein Weltbild), nicht doch auf ein Weltbild hin, worin ein deskriptives Verfahren höher bewertet wird als eine normative Methode? Halten Sie eine solche Wertung für wissenschaftlich legitimierbar?

PK: In Ihrer Frage steckt eine andere, die sich folgendermaßen formulieren lässt: »Wenn sich Weltbilder durch den Hinweis auf ihre geschichtliche Bedingtheit relativieren lassen, was kann dann Ihr eigenes Weltbild vor der Relativierung schützen?« Nun, so lauten die geläufigen Argumente gegen die Skeptiker: Woraus will der Skeptiker, der doch nach eigener Meinung nichts Gewisses wissen kann, die Gewissheit seiner eigenen Position ableiten? Diese Argumentation ist logisch unhaltbar. Wenn man sie in klassischer Syllogismusform fasst, dann stehen Obersatz und Schluss in Widerspruch zueinander, im Obersatz wird also die Wahrheit einer Position, im Schluss ihre Falschheit angenommen: »Ihre Theorie, Weltbilder seien relativ, ist wahr, daher ist Ihre Theorie als Weltbild relativ beziehungsweise falsch.« Nein, so lassen sich skeptische Positionen nicht widerlegen. Dass meine Theorie, wie jede andere auch, geschichtlich bedingt ist, beweist nicht ihre Relativität, sondern bildet bloß eine Bestätigung des Prinzips der geschichtlichen Bedingtheit am eigenen Beispiel. (Im Gegensatz dazu kann eine Theorie, die sich für unbedingt hält, nicht einmal das Vorhandensein anderer Theorien begreiflich machen.) Nicht die geschichtliche, sondern die normative Bindung steht der Wahrheit von Theorien über die menschlichen Dinge im Wege. Thukydides hat nicht das Geringste von seiner Aktualität verloren, und auf seinem Werk lässt sich eine Analyse moderner Politik aufbauen – nicht aber auf Platons »Gesetzen«.

Jede geschichtliche Situation hat zwei Aspekte, denn in jeder spielt sich das Menschliche in seiner strukturellen Ganzheit ab. Dies geschieht aber im Zeichen normativer Überzeugungen, die relativ und vergänglich sind. Wie lässt sich anders erklären, dass bestimmte Grundmuster menschlichen Verhaltens in der uns bekannten Geschichte im Großen und Ganzen stabil geblieben sind, während sich im selben Zeitraum die jeweils herrschenden Ideologien und sozialen Normen wiederholt verändert haben? Warum kommt uns zum Beispiel das politische Verhalten der Zeitgenossen von Thukydides vertraut vor, obwohl uns ihre Religion und Moral fremd sind?

Ich halte mich nicht für einen Skeptiker im geläufigen Sinne. Die Erkenntnis der menschlichen Dinge ist meines Erachtens grundsätzlich möglich – unter der Voraussetzung einer konsequenten Loslösung vom normativen Denken. Die Feststellung der Relativität von Normen und Werten scheint nur aus moralistischer Sicht ein Ausdruck von Skepsis zu sein. Für mich bildet dieselbe Feststellung eine empirisch gesicherte und beweisbare Erkenntnis.

Und damit komme ich zu Ihrer Schlussfrage. Natürlich sind solche wertfreien Erkenntnisse und deskriptiven Verfahren überlegen – aber überlegen sind sie nur aus der Perspektive der Wissenschaft als Suche nach der Wahrheit. Die deskriptive wertfreie Forschung würde erst dann inkonsequent, wenn sie sich durch die Behauptung legitimieren wollte, Wissenschaft beziehungsweise wertfreie Wahrheit sei der höchste Wert überhaupt und an sich. Nur normativistische Positionen legitimieren sich durch die Annahme, die von ihnen propagierte Norm sei allgemeingültig und verbindlich für alle. Wissenschaftliche Erkenntnis – und zwar genau in dem Maße, wie sie wissenschaftlich bleibt – kann für niemanden verbindlich sein, weil sie keine normative Orientierung anzubieten hat; erst durch die Loslösung vom Wunsch nach einer solchen Orientierung kann sie sich ja konstituieren. Und außerdem stellt sie bei Weitem nicht die vorherrschende Denkform in der Gesellschaft dar.

MT: Ihr Bild vom Menschen hat eine gewisse Ähnlichkeit mit der Anthropologie von Clausewitz, wie Sie diese in Ihrem Buch über die *Theorie des Krieges* beschreiben. Fundament dieser Anthropologie ist die gespaltene menschliche Natur: Einerseits neigt der Mensch zum ungestörten Leben und ist in dieser Hinsicht ein friedliches Wesen; andererseits ist er bereit oder sogar gezwungen, Konflikte durch Kampf zu entscheiden, wenn andere seine Existenz bedrohen. In Ihren Arbeiten betonen Sie hauptsächlich die ideellen Konsequenzen der *kämpferischen* menschlichen Wirklichkeit. Dagegen haben viele Philosophen, die das Faktum Macht zu beschwören versuchen, das Denken auf den »irenischen« Wurzeln der Menschheit fundiert. Hat Ihre »Einseitigkeit« nur einen polemischen oder auch einen logisch legitimierbaren Grund? Was halten Sie vom »irenischen« Grund der Weltbilder?

PK: Vom »irenischen« Grund der Weltbilder kann man nicht viel halten, wenn man sich ernsthaft mit der strukturellen Analyse der historisch bezeugten Weltbilder befasst und dabei zweierlei festgestellt hat: a) dass jedes Weltbild als Negation oder gar als Umkehrung eines anderen entsteht; b) dass kein Weltbild ohne eine Vorstellung vom Bösen, in welcher Gestalt auch immer (Sünde, Unterdrückung, Entfremdung etc.), auskommt, das vom »Guten« besiegt oder niedergehalten werden soll. Auch Weltbilder oder utopische Entwürfe, die einen idealen Harmoniezustand ausmalen, enthalten die Vorstellung von einem überwundenen Zustand des Konfliktes und des Leidens.

Ich kann hier nicht auf die Gründe eingehen, die die Menschen immer wieder zum Traum von der großen und endgültigen Harmonie getrieben haben. Zu bemerken ist nur, dass selbst dieser Traum insofern eine polemische Spitze hat, als er sich gegen vorhandene »Missstände« wendet und zudem nicht von allen auf dieselbe Art und Weise geträumt wird, sodass jeder praktische Schritt zu seiner Verwirklichung die Frage der verbindlichen Interpretation aufwirft, die bekanntlich eine Machtfrage ist. Wie Sie sehen, reicht die Berufung auf die »irenischen Wurzeln der Menschheit« bei

Weitem nicht aus, um Konflikte zu beenden. Sie haben recht mit Ihrer Bemerkung, ich würde in meinen Analysen das Kampfelement in den Vordergrund rücken. Das empfinde ich nicht als Einseitigkeit, sondern als methodische Notwendigkeit. Ich schildere dynamische geschichtliche Prozesse, und solche Prozesse werden nun einmal von Konflikten und Gegensätzen vorangetrieben, die unablässige und sich ständig neu definierende Änderungen in den menschlichen Beziehungen hervorrufen. Aber damit wird das Element der Assoziation und der Freundschaft keineswegs eliminiert. Ich muss auf Folgendes sehr nachdrücklich hinweisen: Nur in der moralistisch-normativistischen Perspektive erscheint Feindschaft als das bloße Gegenteil der Freundschaft, in der Perspektive der deskriptiven Geschichte und Soziologie sind beides Phänomene, die nebeneinander existieren und einander bedingen müssen. Wo die Intensität der Feindschaft steigt, da steigt auch die Intensität der Freundschaft, sowie umgekehrt. Das ist leicht zu erklären: Wer andere bekämpft und dabei öffentliche Ziele verfolgt (politische Ziele zum Beispiel, aber auch geistige, die es auf eine Wandlung von Denk- und Verhaltensweisen abgesehen haben), der landet früher oder später im Irrenhaus, wenn er ständig allein bleibt, wenn er also keine Freunde findet, die er für diese Ziele mobilisieren kann; erst dann wird er sozial ernst genommen.

Die Kampferklärung an eine Partei bedeutet ipso facto die Herausbildung einer anderen, also eines Bundes von Freunden. Es ist eine alte Beobachtung, dass das Gemeinschaftsgefühl im Kampf gegen eine andere Gemeinschaft erheblich wächst. Diese Koexistenz und vielfache Vermischung von Freundschaft und Feindschaft miteinander entspricht strukturell dem Janusgesicht der menschlichen Natur, das übrigens nicht nur Clausewitz, sondern auch anderen großen politischen Denkern auffiel (zum Beispiel Machiavelli und Hobbes). Im Hinblick auf das soziale Zusammenleben im Allgemeinen bedeutet dies: Die Gesellschaft der Menschen kann nicht im permanenten Krieg leben, ohne sich aufzulösen, gleichzeitig kann sie aber nicht umhin, ständig Konflikte aus ihrem Schoß zu gebären. Freundschaft und Friede sind aus der *situation humaine* ebenso wenig wegzudenken wie Feindschaft und Kampf. Es handelt sich hier nicht um eine Glaubenssache, sondern um eine banale Wahrheit, die schon der täglichen Zeitungslektüre zu entnehmen ist. Wer sie nicht wahrhaben kann, der mag ein großer Prophet oder meinetwegen ein großer Philosoph sein – zum Analytiker der menschlichen Dinge eignet er sich nicht.

MT: Armin Mohler hat Sie einen »Anti-Fukuyama« genannt. In gewissem Sinne dürfte das zutreffen. Trotzdem zeigt sich auch eine Ähnlichkeit zwischen Ihrem und Fukuyamas Denken in Bezug auf die Bedeutung der Intellektuellen und deren politischen Ideen für die Politik der Zukunft. Es gibt da nichts mehr zu denken! In dieser Hinsicht sind Sie nicht weniger pessimistisch als Fukuyama. Aber: Sind Sie wirklich der Meinung, dass das Entfallen der politischen Relevanz von Ideologien wie der des Liberalismus und des Kommunismus auch jeden weiteren Versuch, die herkömmlichen politischen Ideen neu zu durchdenken, zwecklos macht?

PK: Apologeten des westlichen Systems, die seinen Sieg über den Kommunismus feiern, verewigen den jetzigen Augenblick und reden vom Ende der Geschichte. Das damit zusammenhängende Ende der Ideologien soll deshalb eintreten, weil eine dieser Ideologien sich angeblich durchgesetzt und die restlichen eliminiert habe; steht die siegreiche Ideologie für alle Zeiten fest, so haben künftige Intellektuelle offenbar wenig zu tun. – Meine Diagnose unterscheidet sich radikal von solchen Konstruktionen. Nach meiner Auffassung ist weder die Geschichte zu Ende noch wird die apologetische oder polemische Betätigung von Intellektuellen in Zukunft ausbleiben. Zu Ende ging nur eine geschichtliche Epoche, und mit ihr sind nunmehr die drei großen politisch-ideologischen Strömungen ausgetrocknet, die sie gekennzeichnet haben: der Konservativismus, der Liberalismus und der Sozialismus. In meinen politischen Schriften ist ausgeführt worden, wie die genannten Ideologien allmählich ihre sozialen Träger und Bezüge einbüßten, sodass ihr Gebrauch beliebig, ja austauschbar wurde.

Der Zusammenbruch des Kommunismus hat unsere politischen Begriffe noch entbehrlicher gemacht. Denn erst jetzt, nach der hochdramatischen weltgeschichtlichen Episode des Kalten Krieges, kommen die tieferen Triebkräfte der künftigen planetarischen Politik zum Vorschein, die sich unter der stürmischen politischen Geschichte des 20. Jahrhunderts vielfach unbemerkt aufstauten. Eine ungeheure Spannung entsteht nun aus der weltweiten Aufhäufung von massendemokratischen Erwartungen bei gleichzeitiger Verengung des Planeten infolge der Bevölkerungsexplosion und der sich abzeichnenden Knappheit von ökologischen und sonstigen Gütern. Es sind daher gewaltsame Antagonismen und Konflikte zu erwarten, und dabei wird sich vielleicht nicht einmal der Krieg, sondern vielmehr der permanente Zustand ungezügelter Anomie als die schlimmste Gefahr erweisen. Es wäre möglich, dass die Ökonomisierung des Politischen in dessen Biologisierung umschlägt, wenn sich Politik auf die Verteilung von lebensnotwendigen Gütern reduzieren müsste.

Ob vor diesem Hintergrund neue Ideologien entstehen oder ob Relikte der alten in neuer Aufbereitung verwendet werden, hängt von der Natur und der Intensität der Konflikte ab. Ich kann mir schwer vorstellen, dass viel Platz für ideologische Arbeit vorhanden sein kann, wenn Menschen um Nahrung, Wasser oder gar Luft kämpfen müssen; »Wirtschaftsflüchtlinge« haben bereits heute keine erkennbare Ideologie. Sollten sich dennoch in erträglicheren Lagen neue Ideologien herausbilden, so werden ihre Formen und ihre Inhalte durch den Charakter der Subjekte und der Gruppierungen der planetarischen Politik bedingt werden: Werden es Nationen, werden es Kulturkreise, werden es gar »Rassen« sein? Unter allen Umständen wird es jedenfalls Intellektuelle geben, die der jeweiligen »guten Sache« ihre ideologischen Dienste anbieten werden. Es ist heute Mode, die »Verführbarkeit des Geistes« zu beklagen und die *Trahison des clercs* in neuen Variationen anzuprangern. Aber die Rolle der Intellektuellen bestand doch immer darin, Ideologie zu produzieren, praktisch verwendbare Stichworte zu geben. Warum sollte es anders sein oder anders werden?

Nur Intellektuelle behaupten übrigens, dass Intellektuelle die Welt besser verstehen als alle anderen.

MT: Helmut König hat in seiner Besprechung Ihres Buches über den Niedergang der bürgerlichen Denk- und Lebensform festgestellt, dass in Ihrer Rekonstruktion der Entwicklungen in diesem Jahrhundert die Zeit des Faschismus fehlt. Hat das einen tieferen Sinn? Was halten Sie von der formalen oder polemischen Ähnlichkeit zwischen prä-bürgerlichen und post-bürgerlichen Denk- und Lebensformen? Ist nicht ein auffallender Zusammenhang ersichtlich zwischen der »Sonnenseite« (dem Post-Modernismus) und der »Schattenseite« (dem Faschismus) desselben antibürgerlichen Denkens?

PK: In der genannten Arbeit habe ich mich auf die idealtypische Rekonstruktion von Tiefenstrukturen der Sozial- und Geistesgeschichte konzentriert, während die politische Geschichte grundsätzlich ausgeklammert wurde. In der Perspektive der politischen Geschichte lassen sich nicht die Erscheinungen begreiflich machen, die den Übergang vom bürgerlichen Liberalismus zu unserer zeitgenössischen Massendemokratie am deutlichsten markiert haben, wie zum Beispiel die wachsende Atomisierung der Gesellschaft aufgrund der äußerst komplexen Arbeitsteilung und der extremen Mobilität oder aber der radikale Paradigmenwechsel auf allen Gebieten der geistigen Produktion, der um 1900 stattfand und das 20. Jahrhundert noch immer in seinem Bann hält. Andererseits ist politische Geschichte keine entbehrliche oder austauschbare Oberfläche des gesamtgeschichtlichen Geschehens, sondern sie bleibt mit ihm verwachsen; nur Darstellungszwecke können die Trennung des politischen vom sozialen oder ideologischen Aspekt rechtfertigen. Über die Art und Weise, wie der Zusammenhang dieser Aspekte zu denken ist, wurde bisher bekanntlich viel gesagt. Hier kann ich bloß anmerken, dass sich diese Frage von geschichtlichem Fall zu geschichtlichem Fall anders stellt und sich auch entsprechend den jeweiligen Erkenntnisinteressen und der jeweiligen Qualifikation eines Forschers anders lösen lässt.

Nach meinem Eindruck haben die großen politischen Bewegungen des 20. Jahrhunderts – das heißt der Kommunismus, der Nationalsozialismus beziehungsweise Faschismus und der egalitär-sozialstaatlich umgedeutete Liberalismus – in jeweils unterschiedlichem Ausmaß und Tempo, mit jeweils unterschiedlicher Begründung oder Zielsetzung und unter jeweils unterschiedlichen Sachzwängen massendemokratische Tendenzen gefördert, sie haben also herkömmliche (patriarchalische oder bürgerliche) Hierarchien beseitigt und das Ideal der formellen Gleichheit mit dem Gedanken materieller Rechte verbunden. Angesichts dieser geschichtlichen Gesamtwirkung war die Frage der politischen Freiheit, wie sie heute im Westen verstanden wird, von untergeordneter Bedeutung, so sehr sie auch im Mittelpunkt ethischer Überlegungen und ideologischer Kämpfe gestanden haben mag. Wie Sie treffend bemerken, ist ein »Zusammenhang« zwischen der Sonnen- und der Schattenseite der antibürgerlichen Einstellungen im 20. Jahrhundert ersichtlich, »auffallend« wird er aber erst, wenn man manches weitverbreitete Vorurteil hinter sich gelassen hat.

Warum haben nun manche Nationen diesen und andere jenen politischen Weg eingeschlagen? Hier kann nur die vielschichtige Analyse der jeweiligen konkreten Lage weiterführen. Jedenfalls lässt sich keine nationale politische Geschichte restlos und unvermittelt aus universalgeschichtlichen Triebkräften ableiten. Aber gleichermaßen ist im Auge zu behalten, dass beim Dichtegrad, den planetarische Politik im 20. Jahrhundert erreichte, keine nationale politische Geschichte an universalen sozialen Trends vorbeigehen oder sie überlisten kann.

MT: Die Politik der Zukunft wird ein vielleicht erbarmungsloser Kampf um die Verteilung der Rohstoffe und der Reichtümer der Welt sein: ein Kampf um vitale Interessen. Neuartig an diesem Kampf ist höchstens, dass er die ganze Welt umgreift. Wenn ich Ihre Ansicht richtig referiere, wird die massendemokratische Terminologie in diesem Kampf ihre Relevanz für die Zukunft beibehalten, wenn auch unter der nachdrücklich betonten Voraussetzung, dass diese Relevanz nur durch die Machtverhältnisse festgelegt wird beziehungsweise verwirklicht werden kann. Halten Sie es aber für prinzipiell ausgeschlossen, dass die gegenwärtigen und zukünftigen Machthaber ihre Macht nicht unbedingt gelten lassen, sondern vielleicht auch aus machtgerechter Vernunft auf einen Teil ihrer Macht freiwillig verzichten, um damit den Machtlosen Recht zu tun oder recht zu geben? Anders gewendet: Halten Sie es für prinzipiell unmöglich (wenn ja, warum?), dass wahre Machthaber sich durch moralische Ideen leiten lassen, die nicht ausschließlich vom Selbsterhaltungstrieb oder vom Streben nach Machtausbreitung bedingt sind, sondern auch an sich überzeugenden Vernunftwert haben?

PK: Ihre Frage setzt die übliche Gegenüberstellung von Macht und Recht, Selbsterhaltung und Vernunft voraus. Ich kann diese Gegenüberstellung nicht akzeptieren. Ich habe vorher gesagt (und auch öfters in meinen Schriften dargelegt), dass selbst die allgemeine Berufung auf die Vernunft oder das Recht keineswegs an sich ausreicht, um Eintracht zu stiften. Stabile Eintracht stiftet in erster Linie die Gemeinsamkeit der Interessen, selbst wenn dabei von Vernunft wenig die Rede ist. Die einzig realistische Frage lautet also: Zeichnet sich heute weltweit eine solche Gemeinsamkeit der Interessen ab, dass die Eintracht unter den Menschen möglicher als in der Vergangenheit erscheint? Ist das der Fall, so werden sich die großen – und abgedroschenen – Reden über Vernunft und Moral erübrigen. Vermutlich wird man indes in absehbarer Zeit weiterhin davon reden, und höchstwahrscheinlich wird dies eine Verschärfung der Meinungsverschiedenheiten über Sachfragen und eine Intensivierung der Verteilungskämpfe signalisieren.

In meiner Arbeit über die planetarische Politik nach dem Kalten Krieg habe ich die Gründe dargelegt, aus denen die Propagierung universaler Menschenrechte und ihre konsequente Anwendung zu einer erheblichen Zunahme der internationalen Spannungen führen und den weltweiten Trend zur Anomie verstärken muss. Die große Mehrheit – heute angeführt von den Medien wie ehemals von den Priestern auf der Kanzel – denkt freilich mit solcher Selbstverständlichkeit in den Kategorien der herrschenden Ideologeme, dass sie von ähnlichen Argumenten und Prognosen nichts wissen will. Gewiss, der wort- und tränenreiche Humanitarismus, der den öffentlichen Diskurs im Westen prägt, bedeutet keine praktische Bereitschaft zu drastischer weltweiter Umverteilung des materiellen Wohlstands.

Aber lassen wir die Frage der subjektiven Ehrlichkeit und ethischen Folgerichtigkeit beiseite. Die sehr gefährliche Paradoxie der planetarischen Lage besteht eben darin, dass selbst gerechte Lösungen und geschichtlich beispiellose Selbstverleugnung keinen langfristigen Ausweg bieten würden. Verteilt man den Reichtum von 800 Millionen unter sechs Milliarden, so werden bloß alle (vorläufig) Brüder in der Armut – und umgekehrt: Würden der Chinese, der Inder und der Afrikaner so viel Energie und Rohstoffe pro Kopf wie der Nordamerikaner verbrauchen, so könnte dies den ökologischen Zusammenbruch herbeiführen. Was kann also unter den gegebenen Umständen Gerechtigkeit konkret und praktisch heißen? Die weltweiten materiellen Erwartungen orientieren sich nunmehr am Vorbild der westlichen Massendemokratie, während die materiellen Voraussetzungen für ihre Erfüllung fehlen. Das ist ein hochexplosiver Stoff – und gerade aus ihm muss planetarische Politik in Zukunft gestaltet werden.

Wie kann man vor diesem Hintergrund hoffen, dass ausgerechnet in unserer Zeit jene Ideale der Vernunft und der Ethik verwirklicht werden, die in der ganzen bisherigen Geschichte auf der Strecke bleiben mussten? Allerdings beherrschen Vernunft, Moral und Menschenrechte das zeitgenössische Vokabular. Aber dies geschieht nur deshalb, weil diese Stichworte die Achsen *unserer* Ideologie bilden. In anderen Zeiten wurden Gott und der göttliche Wille nicht weniger inständig beschworen. Aber ist deswegen das Liebesgebot zur Richtschnur menschlichen Handelns geworden?

MT: Es hat mich frappiert, wie sehr Ihre Gedanken denen des Spinoza in manchem ähneln, vor allem denen im dritten und vierten Buch der *Ethica* und im *Tractatus Politicus.* In Ihren Arbeiten kommt aber eine Verwandtschaft mit Spinoza nicht besonders zum Ausdruck. Sie beziehen sich kaum auf ihn. Ist darum anzunehmen, dass Sie eine Qualifikation als »Spinozist« abweisen würden? Können Sie das erklären?

PK: Ich habe die »Ethik« zum ersten Mal gelesen, als ich 14 Jahre alt war, und seitdem hat sich nichts an meiner Überzeugung geändert, dass Spinoza eine der edelsten und unbestechlichsten Gestalten in der ganzen Philosophiegeschichte ist. Zu meiner eigenen Auffassung von Mensch und Welt bin ich aber auf anderen Wegen und Umwegen gekommen, die übrigens nicht immer mit Büchern und Lektüren zu tun hatten. Spinoza bin ich – mit der alten Freude – wiederbegegnet, als diese Auffassungen bereits feststanden. Trotzdem ist die geistige Verwandtschaft oder Nähe, auf die

Sie anspielen, nicht zufällig. In meinen beiden Texten über Spinozas Denken (gemeint sind das Kapitel in der *Neuzeitlichen Metaphysikkritik* und die Einleitung zu *Der Philosoph und die Macht*) habe ich zu erklären versucht, dass er den Ansatz des neuzeitlichen Rationalismus konsequent zu Ende denkt, obwohl er sich einer antiquiert anmutenden ontologischen Begrifflichkeit bedient.

Selbsterhaltung und Macht müssen zu Schlüsselbegriffen einer Interpretation der menschlichen Dinge werden, wenn man alle Dualismen und Platonismen, alle herkömmlichen Trennungen zwischen Jenseits und Diesseits, Ideal und Wirklichkeit, Denken und Wollen radikal beseitigt. Darüber hinaus verbindet mich mit Spinoza das Lebensgefühl, das mit dieser philosophischen Einstellung einhergeht. Sind die christlich-idealistischen Dualismen überwunden, so verschwinden auch die entsprechenden Ängste und Hoffnungen, es verstummen Klagen und Hymnen. Mit antik-stoischer Heiterkeit kann man nun Sein und Werden anschauen, Mitleid für den Kampf und den Schmerz von allem Vergänglichen empfinden und es lächelnd allen nachsehen, die unter oder ohne Berufung auf Vernunft und Moral ihrem Machtstreben frönen: So sind sie, die Geschöpfe der Natur, sie können nicht anders.

Die Geschichte lauert

Sozialontologie, Macht und die Zukunft des Griechentums

Panajotis Kondylis im Gespräch mit Spyros Koutroulis (1998)

SK: In Ihrem Werk behandeln Sie eine Vielfalt von Themen, die die westliche Zivilisation bestimmten: den Marxismus, die europäische und die griechische Aufklärung, die deskriptive und die normative Theorie, den Niedergang der bürgerlichen Denk- und Lebensform, jetzt die Theorie des Krieges. Könnten Sie den Lesern die wichtigsten Stationen Ihres Denkens vorstellen, besonders in Zusammenhang mit den wichtigen geistigen Strömungen, die die Gestaltung dieser Stationen beeinflussten?

PK: Der Versuch, seine eigene geistige Autobiografie auf erschöpfende und absolut gültige Weise zu schreiben, scheint mir von Anfang an zum Scheitern verurteilt zu sein. Dies gilt übrigens nicht nur für Autobiografien, sondern auch für Biografien. Der Autor der Autobiografie beschreibt seinen geistigen Weg aus der vorherrschenden und oft unflexiblen Sicht einer bereits verfestigten Auffassung der Welt und der menschlichen Zustände. Zusätzlich hat er die psychologisch verständliche, aber selbstgefällige Neigung, die logische Kohärenz und die innere Notwendigkeit dieses Weges zu betonen, indem er die Koinzidenzen, die ihn bestimmt haben, die Krisen und die Unsicherheiten, die ihn geprägt haben, unterschätzt, sie umgeht oder sich ihrer überhaupt nicht bewusst ist. Noch viel weniger ist er natürlich selbst in der Lage, die elementaren Kräfte seiner Existenz zu erkennen, die sein Denken eher in diese als in die andere Richtung geführt haben. Wenn das Unterfangen einer geistigen Autobiografie vom Wunsch getragen wäre, was es auch sollte, zum Verständnis eines Werkes zu verhelfen und nicht bloß nach außen das Gesicht eines Schöpfers abzurunden und zu beschönigen, dann müsste unter solchen Umständen dieses Unternehmen Psychologisierungen und persönliche Erinnerungen vermeiden. Die Autobiografie sollte eher auf die Skizzierung theoretischer Probleme und auf die Stadien der Erforschung dieser Probleme zielen und die ihnen zugrunde liegenden allgemeineren Denkweisen oder ihre pragmatischen Voraussetzungen aufspüren.

Ihre Frage bezieht sich allerdings auf eine tiefere und breitere Ebene als jene der einzelnen theoretischen Probleme: Wenn ich recht verstehe, fragen Sie mich nach den Fäden, die die verschiedenen, in meinen Büchern untersuchten Probleme miteinander verbinden. Zuallererst muss ich sagen, dass zwischen der allgemeinen theoretischen Stellungnahme eines Schriftstellers und der Multilateralität seiner Problematik keine notwendige oder eindeutige Beziehung besteht. Wenn diese Multilateralität nicht auf Vordergründigkeit zurückzuführen ist und sich nicht in Oberflächlichkeit erschöpft, so ist ein persönliches Bedürfnis eine schwer zu erklärende individuelle Begabung, durch die ein Verstand Dinge zu einer höheren Einheit kombinieren kann, die für einen anderen Verstand nicht vereinbar sind. Aber dies ist nur die eine, die subjektive Seite der Sache, die erklärt, warum zwei Menschen, auch wenn sie im Allgemeinen eine Anschauung teilen, sich hinsichtlich des Ausmaßes ihrer Interessen bedeutend voneinander unterscheiden können. Die andere Seite ist der bewusste Versuch, die ohnehin vorhandene Vielfalt der Interessen in das Unterfangen des Aufbaus einer möglichst vielseitigen Theorie zu überführen, in der die Leitprinzipien sich auf vielfältige Bereiche ausdehnen und auf diese Weise greifbar ihre hermeneutische Kraft und Intelligenz beweisen. Wenn dieses Unterfangen gelingt, dann bewegt sich die theoretische Analyse auf den Ebenen der sozialen Ontologie, der Anthropologie, der Soziologie, der Sozialgeschichte und der Ideengeschichte sowie der Politik und Strategie im weiten und engen Sinn. Das Verschmelzen dieser begrifflichen Bearbeitung mit der tiefschürfenden historischen Analyse auf der Grundlage der Erkenntnis der realen Tatsachen aus erster Hand ist für mich nicht nur ein methodologisches Ideal, sondern die elementare Voraussetzung einer Stellungnahme, die ernst genommen werden möchte, die nämlich den Ehrgeiz und die Möglichkeit hat, ihrem Erforscher eine substanzielle Erkenntnis der Welt zu ermöglichen, in der er lebt. Die Produktion von ahistorischer und unhistorischer Theorie ist eigentlich eine leichte Sache, und gerade deshalb wird sie von jedermann betrieben, weil alle glauben, dass die Ersetzung eines abstrakten Begriffs durch einen anderen oder eine neue Kombination von Begriffen ein wichtiger Beitrag des Denkens sei. All dies sind Symptome einer andauernden geistigen Pubertät. Zu einer Reife gelangt der Geist, wenn er in der Lage ist, die konkrete Analyse einer bestimmten Situation zu erarbeiten. Nur die Ignoranten bezeichnen dies als Enge und Empirismus. Denn gerade die konkrete Analyse konkreter Situationen zeigt die eigentliche Struktur und Nützlichkeit der begrifflichen und methodologischen Instrumente auf.

An dieser Stelle kann ich nicht den tiefen und nachhaltigen Eindruck vergessen, den das Beispiel von Marx bei mir hinterließ. In dem Werk dieses großen Denkers wird auf imposante Weise ersichtlich, dass Philosophie, Anthropologie, Ökonomie, Geschichte, Politik und so weiter ihrem Wesen nach nicht nur eine und dieselbe Sache sind, sondern zugleich eine einheitliche Erkenntnis darstellen, in deren Mitte man unausweichlich geführt wird, egal von welchem Punkt des Kreises man ausgeht. Marx war ein großer Theoretiker, nur weil er ein großer Historiker war und nur insofern er es war. In dem Maße, in dem er aufhört, Historiker zu sein, und Eschatologie sowie Theologie der Geschichte betreibt, öffnet sich in seinem Denken eine Kluft, die oft die einzelnen Analysen nicht unberührt lässt. Die Erforschung der inneren Widersprüche im Denken von Marx war für mich – zusammen mit anderen Anregungen – der Anlass für die systematische Annäherung an zentrale Fragen, die als theoretische Achsen für die Entfaltung einer Reihe von Problematiken und Ergebnissen dienten. Ich werde drei solcher zentralen Fragen angeben. *Erstens* brachte der Hinweis auf die vielfältige Verwobenheit zwischen der wissenschaftlichen Analyse und der ethisch inspirierten Eschatologie die Frage nach der Struktur und den Verwandlungen der uralten Osmose von Sein und Sollen zum Vorschein, durch welche die Menschen immer bemüht waren, ex definitione ihre Wünsche in Realitäten zu verwandeln. Die wissenschaftliche Pflicht der Differenzierung zwischen Sein und Sollen erfordert umgekehrt ihre theoretische Fundierung durch die Erforschung der Voraussetzungen der Wertneutralität. *Zweitens* stellte die große Erfindung von Marx, die sich mit dem Begriff der »Ideologie« zusammenfassen lässt, automatisch die Frage nach der Anwendung dieses Begriffes auf den Marxismus selbst, wie Karl Mannheim gesehen hat, und mit ihr wurde auch die Frage des Skeptizismus gestellt – mit einer unerhörten Intensität nach der Gegenüberstellung von Sophistik und Platonismus. Meinerseits wurde ich so zur Suche nach einer theoretisch tragfähigen Lösung motiviert, die die Gültigkeit der wissenschaftlichen Erkenntnis mit der Feststellung der Relativität der moralischen Werte verbinden kann. *Drittens* stand der dogmatische Primat des ökonomischen Faktors innerhalb der Konstruktion des historischen Materialismus in Widerspruch zu der (durch die historische Analyse verschiedener Situationen und Zeitalter bezeugten) Wirksamkeit und Autonomie des politischen Faktors. Weiterhin war die lineare Entwicklung der wirtschaftlichen Progression entgegengesetzt zur strukturellen Stabilität des politischen Spiels, unabhängig von den Veränderungen des institutionellen Rahmens. Die Erweiterung des politischen Faktors kooperierte also mit der Vertiefung in bestimmte Konstanten, die sich auf den Gebieten der sozialen Ontologie und der Anthropologie entfalteten.

In dieser Perspektive wird der Leser verstehen können, warum manche großen politischen Denker bei der Gestaltung meines Denkens eine wichtige Rolle spielten. Sowohl hinsichtlich seines geistigen Gewichts als auch in der zeitlichen Reihenfolge war Thukydides der Erste, dessen Studium mich seit meinen ersten Pubertätsjahren bis heute begleitet. Ein zweiter Meilenstein in diese Richtung war das Studium von Machiavelli, dem ich meine erste ausführliche Veröffentlichung widmete, sowie die Vertiefung in das Werk zeitgenössischer Analytiker der internationalen Beziehungen, beginnend mit Raymond Aron. Natürlich würden solche Lektüren nicht so viel ergeben, wenn sie nicht von einer langen und umfassenden Beschäftigung mit der europäischen sozialen und politisch-militärischen Geschichte umrahmt wären. Die begrifflichen Instrumente, die die erkenntnistheoretisch ausreichende Erfassung der Beziehung zwischen Sein und Sollen oder die Erfassung der methodologischen Grundlagen der sozialen Wissenschaft erforderten, wurden andererseits bei der kritischen Auseinandersetzung mit Kant und Max Weber ausgefeilt. Insbesondere der Zweite scheint mir über allem ein hohes Beispiel von geistigem Ethos, fundiert in der Leidenschaft für die Wahrheit, zu sein, auch wenn der Preis dafür psychologisch hoch war, denn es bedeutet die Absage an jede Hoffnung, die sich von Illusionen nährt. Schließlich hat mich das Studium der Ideologie-Mechanismen, wie ich es bei Marx ansetzte, zu einer neuen Betrachtung der Geschichte der europäischen Ideen sowohl auf dem Gebiet der Philosophie und der Metaphysik als auch auf dem Gebiet der literarischen und künstlerischen Formen geführt.

Obwohl ich hier nicht sehr viel mehr zu diesem Thema sagen kann, habe ich das Gefühl, dass ich sehr wenig gesagt habe. Keine Schematisierung von geistigen Beeinflussungen und Verpflichtungen kann ein klares Bild von der konkreten Bewegung und von der Fruchtbarkeit eines Denkens vermitteln, wenn wir üblicherweise annehmen, dass dieses Denken etwas mehr als eine Kompilation und Wiederholung bibliografischer Quellen ist. Solche Schematisierungen reichen vielleicht aus, wenn ein Student seine Dissertation schreibt oder damit ein Professor die Liste seiner Veröffentlichungen erweitert. Aber der substanzielle Beitrag zur Erkenntnis der menschlichen Dinge erfordert einen totalen existenziellen Einsatz, eine wachsame Beobachtung konkreter Situationen und lebendiger Menschen und eine unaufhaltsame Filtrierung der Beobachtungen mit strenger Reflexion, die vor keinem Vorurteil kapituliert und keinen Konflikt scheut, gleichgültig mit welcher Person und Sache. Diese Haltung könnte man ethisch nennen (gewiss ist es eine Form innerer Askese), aber sie hat nichts mit der Moral als Regel sozialen Verhaltens zu tun. Im Gegenteil kann sie solcher Moral direkt entgegengesetzt sein.

SK: In Ihrem Werk *Macht und Entscheidung* stellen Sie die deskriptive Theorie der Entscheidung und die normative Theorie vor. Welche Bedeutung erhalten in diesem Rahmen der Konflikt zwischen dem Rationalismus und dem Irrationalismus und die Unterscheidung zwischen Sein und Sollen?

PK: Wollte jemand auf solche Fragen kurz antworten, so fühlte er sich, wie wenn er innerhalb einer Stunde ein ganzes Meer schwimmend durchqueren müsste. Da dies unmöglich ist, beschränke ich mich darauf, eine unterbrochene Linie auf der Karte zu zeichnen, in der Hoffnung, dass derjenige, der theoretische Interessen hat, die Zeit und die bedächtige Geduld finden wird, wirklich die Entfernung zu überwinden, indem er auf meine anderen Analysen ausgreift. Lassen Sie mich bei den Begriffen des Rationalismus und des Irrationalismus ansetzen, die häufig mit moralischen, normativen Präferenzen belastet und somit sehr direkt mit der Problematik des Seins und des Sollens verbunden sind. Um mich in dogmatischer Knappheit auszudrücken: Ich halte eine Wissenschaft ohne Rationalität für unmöglich, und ebenso für unmöglich halte ich die Auffassung des Sollens, nämlich die Fundierung von Werten innerhalb des wissenschaftlichen Rationalismus. Dies bedeutet unter anderem, dass der Rationalismus der wissenschaftlichen Erkenntnis und der Rationalismus der Werte zwei unterschiedliche Dinge sind. Es bedeutet auch, dass, während die wissenschaftliche Erkenntnis nichts anderes als rational sein kann, die Fundierung oder die Verteidigung der Werte sowohl mit rationalen als auch mit irrationalen Mitteln möglich ist (Berufung auf das »moralische Gefühl«, das »Mitleid« und so weiter). Der wissenschaftliche Rationalismus hat natürlich nichts mit einer bloß verstandesmäßigen Artikulation von Begriffen zu tun, bei denen das ausschließliche Kriterium für die Wahrheit die logische Kohärenz ist. Letztere ist eine selbstverständliche Forderung des wissenschaftlichen Denkens, aber sie hat einen wissenschaftlichen Wert nur, wenn sie »die Phänomene rettet«, wenn sie also Verallgemeinerungen empirischer Beobachtung kristallisiert. Hier ist belanglos, ob die Verallgemeinerungen ausgehend von empirischen Beobachtungen formuliert werden oder ob sie hypothetisch artikuliert werden, um nachträglich empirisch bestätigt zu werden.

In Wirklichkeit sind diese beiden Vorgehensweisen in der wissenschaftlichen Praxis untrennbar. Auch wenn diese Praxis variiert, wird sie sich immer zwischen den beiden Polen der theoretischen Verallgemeinerung und der empirischen Feststellung bewegen. Die Tatsache, dass die Theorie die Erfassung der Empirie durchtränkt, bedeutet keineswegs, dass sie gegen alle empirischen Zeugnisse gerettet werden kann, welche Form auch immer sie erhält. Übrigens erkennen dies praktisch alle Theorien an, auch die willkürlichsten, denn alle berufen sich auf einen – gewiss interpretierten – Aspekt der Empirie. Die Geschichte der Wissenschaften zeigt allerdings, wie fließend diese Dinge sind und wie schnell sich manchmal die herrschenden methodologischen Auffassungen verändern. Gerade dies beweist, wie ich meine, dass keine Methodologie, so vollkommen sie auch schwarz auf weiß formuliert ist, die Rolle des Wegweisers übernehmen und jeglichen Benutzer bei der Lösung jeglicher Probleme leiten kann. So wie die wahrscheinlichen Kombinationen theoretischer Verallgemeinerung und empirischer Beobachtung mehrere sind, kann kein Rezept die individuelle Bildung und die individuelle Begabung des jeweiligen Forschers ausreichend ersetzen. Auch wenn alle in abstracto dieselbe Methode akzeptieren würden, so wird man die Unterschiede schon erkennen können. Die sogenannten

»Methodendiskussionen« beziehen sich mehr auf die Bildung ideologischer Fraktionen innerhalb der Schicht der Wissenschaftler und weniger auf den substanziellen Fortschritt der Erkenntnis.

Anders stellt sich das Problem des Rationalismus und des Irrationalismus dar, wenn wir uns auf das Gebiet der weltanschaulichen Entscheidungen und der moralisch-normativen Präferenzen begeben. Hier bezieht sich der Streit zwischen »Rationalisten« und »Irrationalisten« eigentlich nicht auf die gegenseitige Kontrolle von Theorie und Empirie, sondern auf die Vorherrschaft dieser oder jener bestimmter (ausgesprochen oder unausgesprochen vorausgesetzter) Thesen. Die »Rationalisten« verbinden ex definitione ihre beliebten moralisch-normativen Thesen mit dem »rechten Gebrauch der ratio«, um daraus zu folgern, dass derjenige, der sich diesen Thesen entgegengesetzt verhält, dies deshalb tut, weil er unfähig ist, logisch zu denken. Aber zwischen Form und Inhalt, nämlich zwischen der Argumentation gemäß den gängigen logischen Regeln und den Stellungnahmen zu inhaltlichen Fragen, existiert keine notwendige Beziehung. Dieselbe Form logischer Argumentation kann hinsichtlich des Inhalts zu gänzlich unterschiedlichen Ergebnissen führen, wenn die Voraussetzungen differieren. In der kontrollierbaren Form der logischen Regel ist der Rationalismus rein formal. Wenn er sich selbst mit moralisch-normativen Inhalten identifizieren möchte, dann entweicht er dem Bereich einer solchen Kontrolle und artikuliert sich als eine theoretische Entscheidung im doppelten Sinn: als Entscheidung für den »Rationalismus« und gegen den »Irrationalismus« und als Entscheidung für diese Inhalte und gegen die anderen. Wenn die »Rationalisten« meinen, dass die Entscheidung für den »Rationalismus« eo ipso rational sei, machen sie etwas, was wir alle selbstverständlich in unserem täglichen Leben ablehnen: Sie erkennen jemandem an, nämlich dem »Logos«, Richter in eigener Sache zu sein. Es handelt sich natürlich um einen klassischen Anspruch auf Macht, hinter dem sich bekanntlich die entsprechenden Ansprüche der jeweiligen Vertreter des »Logos« verbergen. Aber auch die »Irrationalisten« stehen vor unüberwindbaren Schwierigkeiten. Sie akzeptieren, dass die Quelle der letzten weltanschaulichen und moralisch-normativen Thesen sich *ultra rationem* befinden, sie sind aber nicht in der Lage, konsequenterweise die Ratio durch die Verwendung von Argumenten mit möglichst kohärenter logischer Struktur zu beseitigen. Wer nicht kohärent und formal richtig argumentiert, ist zur sozialen Null verdammt; nicht nur kann er nicht gegen den »Rationalismus« ins Feld ziehen, sondern er wird nicht einmal wahrgenommen. So wie die »Rationalisten« sich weigern, den »Irrationalismus« am anderen Ufer zu sehen, so irren sich die »Irrationalisten«, wenn sie meinen, dass der »Rationalismus« mit seinen Abstraktionen die existenziellen Voraussetzungen des Denkens austrockne. Keine der beiden Fraktionen ist in der Lage, zu verwirklichen, was sie selber verkündet, noch die Ängste der anderen Fraktion gänzlich zu bestätigen. Die Entscheidung für den »Rationalismus« bleibt eine existenzielle Entscheidung, und die Verteidigung des »Irrationalismus« geschieht mit rationalen Mitteln. Deshalb können solche Auseinandersetzungen nicht in ihrem Nennwert genommen werden. Die substanziellen Fragen für eine nüchterne Analyse sind die folgenden: Was wird jeweils als rational oder irrational gekennzeichnet? Und von wem wird dies als rational oder irrational akzeptiert oder abgelehnt? Mit wessen Anspruch auf Wahrheit und Macht ist das verbunden, was als rational oder irrational bezeichnet wird?

Wie bereits die Unterscheidung zwischen wissenschaftlichem und moralisch-normativem Rationalismus impliziert, so verbinde ich auf keine Weise die These, dass die moralischen Werte relativ sind (nämlich Erzeugnisse bestimmter Subjekte in bestimmten Situationen), mit irgendeiner Form des erkenntnistheoretischen Relativismus und Skeptizismus. An diesem kritischen Punkt steht meine Position gegen die gesamte bisherige philosophische Tradition, nämlich gegen ihre beiden grundlegenden, wenn auch gegenläufigen Richtungen. Sowohl in seinen antiken (Sophistik, Pyrrhonismus) als auch in seinen neueren Varianten verband der Skeptizismus stets die Unmöglichkeit der Erkenntnis der Dinge mit der Relativität und der Veränderbarkeit des Guten und Bösen, während der Platonismus und die von Ideen bestimmten Tendenzen allgemein genau das Gegenteil taten: Die Festigkeit der metaphysischen Erkenntnis unterstützte die Sicherheit des ewig Guten und Bösen. So war der Skeptizismus immer ein umgekehrter Platonismus und der Platonismus ein umgekehrter Skeptizismus. Nach meiner Auffassung ist die Erkenntnis der menschlichen Dinge möglich, zumindest in praktisch ausreichendem Maße – und gerade diese Erkenntnis ermöglicht uns die Feststellung, dass die Werte relativ sind in dem Sinne, den ich vorhin angegeben habe. Es gibt keine logisch notwendige Affinität zwischen dem erkenntnistheoretischen Skeptizismus und dem moralischen Relativismus. Die Aussage: »Ich kann die Dinge nicht erkennen, also gibt es keine objektiven Werte« ist logisch verfehlt. Aus der These »Ich kann die Dinge nicht erkennen« ergibt sich bloß, dass »ich nicht wissen kann, ob die Werte objektiv sind.« Also muss ich die Dinge erkennen, um sicher zu sein, dass die Werte nicht objektiv und unveränderbar sind. Wenn wir sagen, dass die Erkenntnis der menschlichen Dinge möglich ist, müssen wir zwischen verschiedenen Ebenen unterscheiden und erklären, auf welcher Ebene und in welchem jeweiligen Ausmaß diese Erkenntnis möglich ist: Sprechen wir von der Ebene der sozialen Ontologie, der Ebene der Soziologie oder der Ebene der Geschichte? Ich kann hier nicht auf diese absolut wichtige Frage eingehen, die ich gerade jetzt behandle. Aber wer mit Texten verschiedener Kulturen und Zeitalter vertraut ist, sollte überlegen, in welcher Hinsicht und aus welchen Gründen Dinge, die vor Tausenden von Jahren oder unter ganz unterschiedlichen Bedingungen gesagt worden sind, heute für uns mit solcher Unmittelbarkeit verständlich sein können. Diese stetige menschliche und soziale Unterströmung, die der Gegenstand sozialer Ontologie ist, ist die Grundlage und Garantie der Erkenntnis der menschlichen Dinge. Um Menschen zu verstehen, die an verschiedene Werte glauben oder glaubten, muss ich offensichtlich meine Kriterien aus diesem tieferen Wissen schöpfen, nämlich in eine Schicht vorstoßen, die tiefer als jeder Wert liegt, und in diesem Sinn eine Haltung von Wertneutralität wahren. Diejenigen, die sagen, dass dies unmöglich ist, sind bloß unfähig, in diese tiefere Schicht erkennend einzudringen, oder sie sind dazu nicht willens – denn unter dem Vorwand der Ablehnung der Möglichkeit der Wertneutralität versuchen sie bloß, eine mit ihren eigenen Werten durchtränkte Erkenntnis durchzusetzen, nämlich ihre eigenen Ansprüche auf Macht. Dies ist unvermeidlich und im sozialen Kampf sehr nützlich, aber aus erkenntnistheoretischer Sicht bedeutet es die Abschaffung auch des elementarsten Begriffs von Wissenschaftlichkeit. Denn es ist keine Wissenschaft möglich, wenn nicht bis zu einem gewissen Grad die Möglichkeit besteht, seine eigenen Wünsche von der Realität zu unterscheiden. Wenn wir unsere Wünsche (das heißt unsere Werte) nicht von dem unterscheiden möchten oder können, was in der Welt geschieht, dann hat entweder die Wissenschaft keinen Grund zu existieren oder es würde reichen, Wünsche zu äußern, um automatisch als Wissenschaftler zu gelten. Ich übersehe keineswegs, wie schwierig und unvollkommen der Versuch der Überwindung persönlicher Wünsche ist. Aber wer die Wertneutralität ablehnt, weil sie schwer zu verwirklichen ist, verfällt demselben Irrtum, wie wenn er die Abschaffung der Gerichtshöfe forderte, weil die menschliche Gerechtigkeit immer unvollkommen ist und es auch bleiben wird. Natürlich zeigt die Erkenntnis der menschlichen Dinge, dass in der Natur des Menschen liegende und unüberwindliche Gründe bestehen, aus denen die wertneutrale wissenschaftliche Erkenntnis ein sozial marginales Phänomen bleiben wird. Zwischen solcher

Erkenntnis und dem Leben, das sich als ein Kampf der Werte gestaltet, existiert ein unüberbrückbarer Gegensatz.

Der Grund ist kurz gefasst folgender: Die Menschen gefallen sich im Glauben (und sie stärken ihre gesellschaftliche Position, wenn sie auch andere zu diesem Glauben bringen), dass ihre Werte, nämlich das von ihnen verkündete Sollen, nicht subjektiv, also kein relatives und vergängliches Konstrukt, seien, sondern sich aus der Natur der Dinge ergeben, also eine objektive Verbindlichkeit besitzen. Die praktische Konsequenz ist offensichtlich: Wer das Sein richtig liest, ist legitimiert, die anderen im Namen des Sollens zu führen. Die Verwobenheit von Sein und Sollen (wie wir sie in der Idee Gottes oder im Begriff der Natur oder des Menschen finden) diente immer den Zwecken der Herrschaft und der Macht. Es ist selbstverständlich, dass die Unterscheidung zwischen Sein und Sollen nur von demjenigen vorgenommen werden kann, der nicht nach solchen Zwecken trachtet – und es ist eine rein erkenntnistheoretische Unterscheidung. Sie bedeutet also nicht, dass die verschiedenen Auffassungen des Sollens nicht dem empirischen Sein der sozialen Realität entspringen. Denn es sind zwei unterschiedliche Dinge, einerseits die Feststellung der Gestaltung dieser Auffassungen unter bestimmten Umständen und andererseits die Ableitung eines moralischen Sollens aus dem ontologisch gegebenen Charakter eines Seins. Sowohl das Sein als auch das Sollen haben zweifache Bedeutung, die nicht verwechselt werden dürfen. Das Sein kann entweder die gegebene empirische Welt ohne Wertbestimmungen bedeuten oder einen wertbeladenen letzten ontologischen Anhaltspunkt der empirischen Welt. Und Sollen kann entweder einen Befehl unabhängig von der moralischen Qualität seines Inhalts bedeuten oder eine wertbeladene Regel, die sogar mit den einfachsten Machtbefehlen zusammenstoßen kann (der klassische Konflikt von Gesetz und Moral zwischen Kreon und Antigone). Auf ähnliche Weise können die beiden Begriffe des Seins miteinander kollidieren. Das wertbeladene Sollen ergibt sich nicht aus irgendeinem empirischen Sein, sondern nur aus einem ebenfalls wertbeladenen Sein. Auf dieser Ebene bewegt sich das moralisch-normative Denken (gleichgültig, ob es theologisch ist und das Sein mit Gott benennt oder atheistisch ist und das Sein mit Ratio benennt). Umgekehrt bedeutet die wissenschaftliche Unterscheidung von Sein und Sollen, dass kein empirisch gegebenes Sein existiert, aus dem ein wertbeladenes Sollen geschöpft werden kann.

SK: Carl Schmitt hat in *Der Begriff des Politischen* den Konflikt »Freund-Feind« als bestimmend für den Begriff des Politischen aufgezeigt. Eine wesentliche Rolle spielt in seiner politischen Theorie der existenzielle Charakter der Entscheidung. In Ihrem Werk *Macht und Entscheidung* lesen wir: »[D]ie letzte, nicht weiter reduzierbare Wirklichkeit besteht aus Existenzen, Individuen oder Gruppen, die für ihre Selbsterhaltung und dabei notgedrungen auch um die Erweiterung ihrer Macht bestrebt sind, weshalb sie sich als Freund oder Feind begegnen und Freunde und Feinde je nach den Bedürfnissen des Selbsterhaltungs- oder Machtstrebens wechseln.« Stehen wir hier vor der epistemologischen Erweiterung des Begriffes »Freund-Feind«? Wie bezieht sich Ihr Werk auf das Werk von Carl Schmitt?

PK: Der Ausschnitt aus meinem Werk *Macht und Entscheidung*, den Sie zitiert haben, bezieht sich, wie übrigens ausdrücklich gesagt wird, auf das ganze Spektrum der gesellschaftlichen Realität, es handelt sich hier also um eine Aussage der sozialen Ontologie und nicht um den Versuch einer Definition des politischen Elements. Es wäre ein wesentlicher logischer und pragmatologischer Fehler, zu glauben, dass sich eine Aussage der sozialen Ontologie aus einer einfachen Erweiterung einer Definition der Politik auf der Grundlage der Beziehung Freund-Feind ergeben kann. Es geschieht gerade das Umgekehrte. Da die Beziehung Freund-Feind eine Größe der sozialen Ontologie ist, kann sie nicht im spezifischen Sinn als Kriterium für die Bestimmung des politischen Elementes brauchbar sein. Ich unternehme also keine epistemologisch unerlaubte Erweiterung eines politischen Kriteriums in Richtung der sozialen Ontologie, sondern umgekehrt hat Carl Schmitt eine epistemologisch unerlaubte Einengung eines Parameters der sozialen Ontologie vorgenommen, um auf diese Weise die Bestimmung des politischen Elementes zu erhalten. Es scheint mir relativ einfach zu verstehen, warum Carl Schmitt den Fehler begeht. Der Bereich der sozialen Ontologie, nämlich die soziale Realität in ihrer Gesamtheit, besteht aus sozialen Beziehungen, aber diese Beziehungen sind nicht alle öffentlich und politisch, sondern ebenso privat, und als solche politisch indifferent. Wie wir alle wissen, bestehen Freundschaft und Feindschaft immer in unterschiedlichen Graden, sowohl im öffentlichen politischen als auch im privaten apolitischen Raum. Die Beziehung von Freundschaft und Feindschaft charakterisiert die soziale Beziehung in ihrer Gesamtheit und nicht nur die politische Beziehung. Die politische Beziehung ist eine soziale Beziehung, aber nicht alle sozialen Beziehungen sind politisch. In einem logischen Sprung identifiziert Carl Schmitt eigentlich die politische mit der sozialen Beziehung, das heißt, er nimmt eine Beziehung mit universaler sozialer Reichweite und verwendet sie, um einen Bereich zu bestimmen, der enger ist als der gesamte Bereich der Gesellschaft. Aber die spezifische Differenz der umfassenderen Gattung kann logisch nicht mit der spezifischen Differenz der engeren Gattung zusammenfallen. Das Pferd hat tatsächlich die Eigenschaft, vierbeinig zu sein, wenn es aber ausschließlich aufgrund dieser Eigenschaft definiert wird, unterscheidet es sich um nichts von einem Hund. Dasselbe gilt auch hinsichtlich der Definition der Politik. Innerhalb der Politik bestehen Beziehungen von Freunden und Feinden, aber diese bestehen auch außerhalb der Politik, also muss die spezifische Qualität der Politik woanders gesucht werden.

Nun ist die Existenz von Freunden und Feinden auch innerhalb der Politik eine Feststellung, die ganz unabhängig von unseren moralischen Präferenzen und Wünschen ist. Das heißt, es ist empirisch allenthalben bekannt, dass auf allen Ebenen die politischen Subjekte mit den einen übereinstimmen und gegen die anderen kämpfen, eventuell mit blutigen Mitteln. Auch ist offensichtlich, dass die Formel »Freundschaft-Feindschaft« nicht nur von Feindschaft spricht, wie sie viele interpretieren und dabei verfälschen, sondern ebenso die Freundschaft als Bedingung für die Ausübung von Politik enthält. Aufgrund dieser unbestreitbaren Gegebenheiten widerspreche ich der Definition des Politischen bei Carl Schmitt;

und damit widerspreche ich zugleich auch den Thesen derer, die seine Definition ablehnen – nicht etwa, weil sie sie für logisch verfehlt halten (übrigens hat niemand von ihnen den logischen Fehler wahrgenommen), sondern weil sie glauben möchten, dass sowohl aus der Politik als auch aus den übrigen sozialen Beziehungen das Element der Feindschaft sowie die stete Möglichkeit der Weiterentwicklung dieses Elementes zu einem tödlichen Konflikt beseitigt werden könnten. Solchem naiven Glauben kann man Folgendes entgegenhalten: a) Wenn wir die Definition der Politik auf der Grundlage des doppelten Kriteriums der Freundschaft und Feindschaft ablehnen, dann muss die Entfernung der Feindschaft aus dieser Definition auch die Entfernung der Freundschaft mit sich bringen. b) Die Existenz von Feindschaft (oder Freundschaft) in der Politik und die Definition der Politik aufgrund der Freundschaft und Feindschaft sind zwei ganz unterschiedliche Dinge. Deshalb irren sich diejenigen, die glauben, die Politik könne humaner gestaltet werden, indem sie die Definition Carl Schmitts ablehnen.

Wie ich gerade angedeutet habe, braucht man nicht ein Anhänger Schmitts zu sein, um zu wissen, dass es in der Politik Feinde und Freunde gibt. Es handelt sich um eine Erfahrung, die so alt ist wie die Welt. Eine Erfahrung, die seit uralten Zeiten jeder Art von sprichwörtlichen, philosophischen oder juristischen Aussagen eingeprägt ist. Erinnern wir nur an den stereotypen Spruch bei der Schließung von Allianzen im antiken Griechenland: »denselben Feind und Freund« zu haben. Persönlich brauchte ich nichts bei Carl Schmitt zu lernen, was ich nicht bereits vom Studium der Vergangenheit und der Gegenwart wusste oder von politischen Denkern wie Thukydides, Machiavelli oder Max Weber. Ich habe übrigens das Werk Carl Schmitts viel später als diese Autoren gelesen, und obwohl ich, wie jeder die Schönheit liebende Leser, seinen wunderbaren Stil sehr schätze, so erkenne ich bei ihm versteckte logische Lücken oder Fehler. Ich erklärte, warum seine Definition der Politik verfehlt ist (meines Wissens bin ich der Erste, der Schmitt aus dieser Perspektive kritisiert), aber ich bin ebenso gegen die Art und Weise, in der Schmitt einen anderen zentralen Begriff definiert, nämlich den Begriff der Entscheidung. Der aufmerksame Leser meines Buches *Macht und Entscheidung* weiß, dass dort eine intensive und ausführliche Kritik an dem geübt wird, was ich die »militante Theorie der Entscheidung« nenne, der ich die »deskriptive Theorie der Entscheidung« gegenüberstelle. Die erste verbindet Schmitt mit der Existenzial-Philosophie der Zeit zwischen den beiden Weltkriegen und unterstellt ihr, deren logische und pragmatologische Mängel oder Missdeutungen übernommen zu haben.

Trotz seiner Polemik gegen den liberal-kantischen Moralismus betrachtete der Existenzialismus eigentlich die Entscheidung moralisch-normativ, das heißt, er erhob sie zu einem »echten« Ausdruck der »echten« Existenz im Gegensatz zu den Automatismen, die das Leben der »unechten« anonymen Masse oder der entäußerten Person beherrschen. Aber keine Theorie der Entscheidung kann theoretisch genügen, wenn sie nicht folgende Unterscheidungen trifft: nämlich zwischen der Entscheidung im Sinne einer Neubildung einer Weltanschauung und Identität einerseits und andererseits der Entscheidung im Sinne einer Option zwischen zwei bereits vorhandenen alternativen Lösungen aufgrund einer bereits gebildeten Weltanschauung und Identität. Wenn wir die Dinge so sehen, stellen wir fest, dass jedes Subjekt Entscheidungen trifft, da sich kein Subjekt ohne Weltanschauung und ohne Identität in der Welt orientieren kann. Die Entscheidung wird somit als ein deskriptiver Begriff wahrgenommen, das heißt, es wird nur festgestellt, dass jedes Subjekt unausweichlich so oder so entscheidet, und sie wird nicht als ein normativ-engagierter Begriff wahrgenommen, das heißt, das Subjekt wird zu keiner »richtigen« Entscheidung angewiesen, die als eine »richtige« Option zwischen alternativen Lösungen gilt. Der Fehler der engagierten Theorie der Entscheidung, die Schmitt zusammen mit existenzialistischen Philosophen und Theologen vertritt, ist folgender: Indem er die Entscheidung mit der »richtigen« Entscheidung identifiziert, trennt er die sozialen und politischen Subjekte in solche, die Entscheidungen treffen, und solche, die sich weigern, eine Entscheidung zu treffen. Aber auf diese Weise verewigen sich bloß die verschiedenen Vorurteile, gegen welche der Existenzialismus kämpfte. Denn die Urteile der verschiedenen Subjekte über sich selbst werden in ihrem Nennwert aufgefasst. Dabei wird postuliert, dass derjenige, der sich theoretisch zu der großen Entscheidung bekennt, diese auch in größerem Maß oder gar besser verwirklicht als derjenige, der sich theoretisch gegen sie ausspricht und seine eigene Haltung nicht als ein Resultat existenzieller Entscheidungen, also wahrscheinlich willkürlicher Entscheidungen, ausgibt, sondern als das Resultat eines Befehls, der von überpersönlichen und objektiven Prinzipien ausgeht (Logos, Geschichte, Gott, Natur und so weiter). Aber die Frage, ob jemand für oder gegen die Entscheidung auf philosophischer, theologischer oder politischer Ebene sein wird, besagt nichts darüber, was er selbst tut, sondern sie hängt von den konkreten Umständen an der Front der Ideen ab, nämlich von dem, was seine Gegner vertreten. Gegen die »Entscheidung« verteidigten die Liberalen den angeblich sich selbst ewig reproduzierenden Gesetzeszweck des »Rechtsstaates« im Rahmen ihrer Polemik gegen die Willkürlichkeiten des Monarchen oder später gegen die Explosionen des revolutionären Willens. Und die Feinde des Liberalismus setzten ihrerseits die »Entscheidung« und die »Ausnahme« gegen das Selbstverständnis des Liberalismus ein.

In meinen verschiedenen Arbeiten (zum Beispiel in meinem Buch über den Konservativismus und vor allem in einem besonderen Text, der auf Griechisch als Nachwort der Übersetzung von Schmitts *Politische Theologie* veröffentlicht wurde)* zeigte ich die Mängel der Auffassungen von Schmitt auch in einer Reihe mit anderen Problemen auf: am Problem der Herrschaft und des Ausnahmezustands, am Problem der erkenntnistheoretischen Grenzen der Rechtswissenschaft oder am Problem der politischen Romantik. Es erübrigt sich, dies hier zu wiederholen. Ich möchte aber allgemein bemerken, dass ebenso wie die Begriffe des Feindes und des Freundes keineswegs Schöpfungen von Schmitt sind, auch der Begriff der Entscheidung weder von ihm erfunden noch von ihm eingeführt wurde. Bekanntlich hat Kierke-

* Panajotis Kondylis, »Jurisprudenz, Ausnahmezustand und Entscheidung. Grundsätzliche Bemerkungen zu Carl Schmitts *Politische Theologie*«, in: *Der Staat* 34 (1995), S. 325–357.

gaard diesen Begriff in die zeitgenössische Philosophie eingeführt, und er wurde mit vielfältigen Inhalten verbunden. Diejenigen, die ihn übernahmen, waren beispielsweise keineswegs Freunde des Nationalsozialismus, wie manche Ignoranten glauben, sondern viele waren dessen konsequente Gegner (Jaspers, Barth). Nur sehr oberflächliche Leser können substanzielle Gemeinsamkeiten im Werk von Schmitt und in meinen Analysen entdecken, nämlich solche Leser, deren abhängige Reflexe auf bestimmte Signalwörter reagieren, während der Verstand in sehr langsamen Rhythmen arbeitet. Nachdem ich die Diskussionen um Schmitt aus der Nähe verfolgt habe, habe ich den Eindruck, es sei etwas Paradoxes geschehen: Er wurde als Denker überschätzt, gerade weil seine Feinde ihn geradezu in eine dämonische Figur verwandelten, indem sie seine relativ kurzlebige Zusammenarbeit mit den Nationalsozialisten betonten und – fälschlicherweise – die Gesamtheit seines Werkes auf diese Zusammenarbeit zurückführten. Auf diese Weise erreichten sie das Gegenteil von dem, was sie bezweckten, das heißt, sie richteten die allgemeine Aufmerksamkeit auf ihn und machten ihn fast zu einem Klassiker. Erlauben Sie mir, nüchterner zu sein: Weder überschätze ich Schmitt noch halte ich ihn für unbedeutend, ich bin weder sein Freund noch sein Feind, um mich in seiner Sprache auszudrücken.

SK: Carl Schmitt vertritt die Auffassung, »alle prägnanten Begriffe der modernen Staatslehre sind säkularisierte theologische Begriffe«. Nehmen wir dies als Tatsache, kann dann die politische Theorie in ihrer Ganzheit auf andere Kulturen mit verschiedenen theologischen Traditionen übertragen werden?

PK: Die strukturellen Entsprechungen zwischen den theologischen und politischen Begriffen waren keine bahnbrechenden Entdeckungen Schmitts. Er selber hat ausdrücklich und ausführlich auf antirevolutionäre Theoretiker des 18. und 19. Jahrhunderts verwiesen, vor allem auf Bonald und Donoso Cortés, die auf die Parallelen der begrifflichen Struktur und auf die politischen Osmosen zwischen Absolutismus und Theismus, Liberalismus und Deismus, Demokratie und Pantheismus oder Atheismus eindrücklich hingewiesen haben. Die marxistische Analyse der sozialen Ideologien gelangte zu ähnlichen Ergebnissen, indem sie an verschiedenen historischen Beispielen aufzeigte, dass die Gesellschaften die Welt der Götter in Analogie zu der Hierarchie der gesellschaftlichen Beziehungen darstellen. Oder jedenfalls so, dass die Auffassung vom Jenseits ontologisch und moralisch das im Diesseits Geschehende legitimiert. Nun geben Schmitt und seine antirevolutionären Inspiratoren dem Jenseits auf der theologischen

Ebene die Priorität, das heißt, sie schöpfen die politischen Entscheidungen aus den theologischen (während die marxistische Analyse umgekehrt vorgeht), denn sie interessieren sich allgemein dafür, das Ansehen der Theologie hochzuhalten, um diese gegen den bürgerlich-liberalen Rationalismus zu verwenden. Bekanntlich wurden nicht nur im 19., sondern auch im 20. Jahrhundert der bürgerliche Liberalismus oder seine massendemokratische Weiterentwicklung sowohl von »links« als auch von »rechts« bekämpft, und ein Teil seiner »rechten« Feinde bezog seine ideologischen Waffen aus der vorbürgerlichen Vergangenheit, indem er jedoch die theologischen mit ästhetischen Motiven verschmolz und diese modernisierte, während ein anderer Teil auf eine Erneuerung heidnischer Mythologeme (Nationalsozialismus, Faschismus) auswich. Da Schmitt aus diesen Gründen den Primat der Theologie akzeptiert, hält er fälschlicherweise die säkularisierten ideologischen Formeln für bloße Derivate der Theologie oder für deren blassen Abglanz. Die zeitliche Priorität der Theologie beweist jedoch keineswegs ihre strukturelle begriffliche Priorität. Vielmehr ist die strukturelle Entsprechung theologischer und säkularisierter oder säkularer Begriffe auf die gemeinsame Unterordnung beider unter höhere und allgemeinere Strukturen des Denkens zurückzuführen, verwoben mit anthropologischen und kulturellen Konstanten. Die Unterscheidung von Jenseits und Diesseits ist als begriffliche Struktur bereits durch den Glauben an den Sinn des Lebens gegeben, unabhängig von ihren theologischen oder nicht-theologischen Rationalisierungen. Allerdings würde die Erforschung eines solchen Problems, dessen Formulierung schon den Horizont von Carl Schmitt überschreitet, uns zu weit führen.

Ich komme zum zweiten Teil Ihrer Frage. Die Möglichkeit der Übertragung einer politischen Theorie auf Kulturen mit anderen theologischen Traditionen hängt von der Qualität der jeweiligen theologischen Tradition ab, der Qualität des Ortes und der Qualität der Zeit. Wenn wir von der Wirkung und der Verbreitung von Ideen sprechen, müssen wir nicht in mechanistischen Formeln stecken bleiben, gemäß derer eine Idee sich nicht erfolgreich in anderen Räumen als in ihrer Wiege ausbreiten kann. Die Ideen sind sehr flexible Instrumente und Waffen, sie bestehen und wirken nur, wenn sie gedeutet und nachgedeutet werden. Keineswegs werden also Verbindungen von sehr verschiedenen theologischen und politischen Traditionen ausgeschlossen – wie sie allerdings auch keineswegs immer möglich sind. Um solche Verbindungen auszuschließen, müsste man die politische Theologie so einseitig auffassen, wie Carl Schmitt oder der klassische Marxismus es taten. Natürlich ist es schwer, sich vorzustellen, wie die heidnische politische Theologie im christlichen Mittelalter oder im neueren liberalen Europa integriert würde. Die zeitgenössische weltweite soziale Wirklichkeit, in der der Trichter der Massendemokratie jede andere Hierarchie außer derjenigen des Reichtums nivelliert hat, wird andererseits auf ein ebenso flaches Weltbild projiziert, in dem die säkularen Entsprechungen der waagerechten und senkrechten sozialen Mobilität herrschen, das heißt die stete Herstellung und Auflösung der vielfältigsten Kombinationen. Deshalb sind heute die Chaos-Theorien so populär – und so selbstverständlich. Ich kann mir gut vorstellen, dass unter dem Druck der weltweiten massendemokratischen Umstände Völker mit sehr verschiedenen theologischen Traditionen in Richtung eines solchen Weltbildes konvergieren, unterstützt von der modernen Wissenschaft und Technik, da ja das theologische Element im traditionellen und spezifischen Sinn des Begriffes entkräftet ist oder sich jedenfalls in seiner Substanz verwandelt hat. Während jedoch die Universalität der Massendemokratie keineswegs zu der universellen Harmonie von Ideen und Interessen führen wird, werden die besonderen theologischen Traditionen in kulturellen Gebilden überleben. Diese wiederum werden als ideologische Waffen im großen Kampf für die Verteilung der Ressourcen des Planeten gebraucht, in einem Kampf, der das 21. Jahrhundert prägen wird. Diese Gebilde werden keine soziale Hierarchie »widerspiegeln«, so wie einmal die himmlische Hierarchie die irdische »widerspiegelte«. Aber diese Gebilde werden vitale Funktionen in der freundschaftlichen oder feindlichen Gegenüberstellung der kollektiven Subjekte übernehmen. Dies ist leicht verständlich, wenn wir beispielsweise bedenken, dass das Nachleben oder Nachbilden der byzantinischen Theologie im heutigen neugriechischen Raum nach innen und nach außen substanziell verschiedene Funktionen erfüllt.

Die Sache hat noch eine Seite, die ich hier nicht analysieren kann, aber andeuten muss. Ich meine die theologischen Voraussetzungen der wirtschaftlichen Aktivität, wie sie die Gestaltung einer bestimmten Moral als Motivation für die sozialen Subjekte vermittelt. Dies war bekanntlich das große Thema von Max Weber. Ich hatte immer starke Zweifel hinsichtlich der kausalen Beziehung, die Max Weber zwischen Theologie und Wirtschaft sehen wollte. Wenn diese Beziehung bestanden hat, dann gab es sie in manchen Wiegen der Entstehung des Kapitalismus, sicherlich nicht in allen und sicherlich nicht immer in strenger Form. Etwas anderes ist jedoch die Entstehung und wieder etwas anderes die Übernahme und Verbreitung des Kapitalismus. Die Verbreitung kann auf der

Grundlage verschiedener theologischer Traditionen stattfinden, wenn der sozialwirtschaftliche und politische Druck ausreichend stark ist. Dann werden die theologischen Traditionen entweder nachgedeutet oder angereichert oder verflacht.

SK: Was für eine Bedeutung hat die Deklaration der universalen Menschenrechte? Stellt sie ein nützliches moralisches Projekt oder eine ideologisch belastete Legitimation dar, die in vielen Fällen die Staaten, die die Deklaration unterzeichnet haben, doch nicht verpflichtet hat?

PK: Die Deklarationen der Menschenrechte prägen seit dem Ende des 18. Jahrhunderts bis heute einen historischen Einschnitt, der anfänglich in der Sphäre der westlichen Kultur stattgefunden hat. Die Anthropologie ersetzt die Theologie; das Reich Gottes endet, und es beginnt das Reich des Menschen als Schöpfer des historischen Universums. Da der Mensch Gott ersetzt, nimmt er zwangsläufig einige seiner Züge an, er wird also zum absoluten Wert, eine heilige und unantastbare Person, ein Träger unveräußerlicher Rechte. Wenn aber der Mensch als Nachfolger Gottes gilt, dann ist die Entfernung zwischen Ideologie und Wirklichkeit keineswegs geringer geworden. Die Allmacht Gottes hat keineswegs die universelle Geltung des »Liebe deinen Nächsten« gesichert, und die Universalität der Menschenrechte beeinflusst keinesfalls und im selben Sinne das Leben aller Menschen. Denn so wie der konkrete Inhalt und die konkreten Umsetzungen des »Liebe deinen Nächsten« durch konkrete souveräne Subjekte verbindlich bestimmt wurden, so haben auch die Menschenrechte ihre souveränen und verbindlichen Deuter. Die USA bestimmen verbindlich durch die Flotte und die Luftherrschaft die Menschenrechte in Bosnien, aber die Bosnier können die Menschenrechte nicht verbindlich bestimmen, können zum Beispiel die Abschaffung der Todesstrafe in den USA nicht durchsetzen. Die USA behalten sich das sehr menschliche Recht vor, den Iran und Saudi-Arabien unterschiedlich zu behandeln. Obwohl die Situation der Menschenrechte in diesen beiden Ländern sehr ähnlich ist. In wenigen Worten: Die politische Ausbeutung der Menschenrechte, nämlich ihre Benutzung als ein Instrument für das Ausüben von Druck und für Intervention, ist unabwendbar, weil solche »Rechte« nur von den Mächtigeren den Schwächeren oktroyiert werden können, aber im umgekehrten Fall keine institutionelle Regelung möglich und funktional ist. Die »Menschenrechte« werden somit in ein politisches Instrument verwandelt, und zwar innerhalb einer planetarischen Situation, deren Dichte natürlich die Verwendung universaler

Ideologeme notwendig macht, in welcher aber die verbindliche Deutung dieser Ideologeme immer den Vorsätzen und den Interessen der stärkeren Nationen obliegt. Die »Menschenrechte« unterstehen der zweideutigen Logik dieser Situation und spiegeln die Widersprüche und Spannungen wider, die auf dramatische Weise die heutige globale Gesellschaft prägen. Deshalb wird der Kampf um ihre Deutung zwangsläufig in einen Kampf zwischen Menschen um das verwandelt, was jeder jeweils für sein unveräußerliches Recht hält. Dieser Kampf um die Deutung hat schon längst zwischen »Nord« und »Süd« oder »Westen« und »Osten« begonnen und spitzt sich in dem Maße zu, in dem die Milliarden des »Südens« oder des »Ostens« die »Menschenrechte« nicht nur formal, sondern materiell deuten und eine substanzielle Neuverteilung des weltweiten Reichtums fordern, ohne sich für die Moral der Gesättigten zu interessieren.

Ich setze den Ausdruck »Menschenrechte« in Anführungszeichen, weil solche Rechte heute auf dem Papier existieren, im Kopf der Philosophen oder auf den Lippen von Propagandisten, nicht aber in der Realität. Es gibt »Rechtsstaaten«, aber es gibt keine Menschenrechte, wenn wir den Begriff buchstäblich nehmen. Als Menschenrecht kann nur ein Recht gelten, das alle Menschen genießen und nur von der Tatsache her, dass sie Menschen sind, das heißt ohne Vermittlung von Machtinstanzen und kollektiven Subjekten (zum Beispiel von Nationen und Staaten), die in begrifflicher und natürlicher Hinsicht enger als die Menschheit als Ganzes sind. Zusätzlich muss ein echtes Menschenrecht allenthalben dort gelten und genossen werden, wo Menschen sind, das heißt überall, wo sich jemand niederlassen möchte. Sodass letzten Endes Menschenrechte ohne uneingeschränkte Freizügigkeit und Niederlassungsrechte und ohne automatische rechtliche Gleichheit aller Menschen mit allen Menschen dank der universellen Geltung einer einheitlichen Gesetzgebung nicht existieren können. Solange zum Beispiel der Albaner in Italien und in Griechenland nicht genau dieselben Rechte wie der Italiener und der Grieche genießt, können wir *stricto sensu* von politischen und bürgerlichen Rechten, nicht aber von universalen Menschenrechten sprechen. Die Situation in der heutigen Welt ist deutlich: Es ist nicht allen Menschen erlaubt, nur durch ihre Eigenschaft, Menschen zu sein, alle Rechte zu genießen (ob sie politische und bürgerliche Rechte oder Menschenrechte genannt werden), und zwar unabhängig davon, wo sie geboren sind oder sich befinden. Menschenrechte, die wirklich diesen Namen verdienen, könnte nur ein universaler Staat verleihen, zu welchem alle Menschen in direkter und gleicher

Beziehung stehen, das heißt ein universaler Staat als Vertreter der ganzen Menschheit, von dem sie unmittelbar alle ihre Rechte erhalten würde. Nur wer die gesamte Menschheit vertritt, kann dem einzelnen Menschen allein durch dessen Eigenschaft, Mensch zu sein, unabhängig von nationalen Attributen oder solchen des Stammes, Menschenrechte zugestehen. Das Ausbleiben solcher Rechte wird übrigens täglich von der politischen und rechtlichen Praxis des Westens bestätigt, der, die logischen Konsequenzen seiner eigenen Propaganda umgehend, die »Menschenrechte« immer unter Vorbehalt der (nationalen, europäischen) souveränen Rechte ausübt. Jede souveräne Gewalt hat hier das Recht, Menschen anderer Länder zu verhaften, insofern sie ohne Erlaubnis in ihr Territorium eintreten oder darin wohnen, aber sie hat nicht das Recht, sie zu prügeln. Denn sie selbst deklariert das Menschenrecht der körperlichen Integrität, als wäre die Verhaftung an und für sich nicht eo ipso eine Aufhebung des Menschenrechtes der Selbstverfügung, nämlich des Rechts über seinen Körper zu bestimmen, wie man selbst es möchte! Mit diesem Rezept glaubt der Westen, zwei Herren dienen zu können, aber er tut dies mit einer schleichenden Intervention der Behörden und der Praktiken des »Rechtsstaates« in den Bereich der Menschenrechte. Die »illegalen« Einwanderer werden natürlich gemäß der (veränderbaren) Verordnungen des »Rechtsstaates« des Landes verwiesen, nicht weil sie keine Menschen sind, sondern weil sie keine Franzosen, Griechen, Deutsche und so weiter sind. In diesem kritischen Fall erweist sich das Kriterium der Nationalität als entscheidend und nicht die etablierte Rhetorik der »Menschenrechte«. Gleichwohl kann man voraussehen, dass sogar diese Rhetorik in dem Maße abnehmen wird, in dem der Westen feststellen muss, dass seine Predigten ihn mit Lasten beladen, die er nicht tragen kann.

SK: Wie kann das Griechentum des Festlandes und Zyperns erfolgreich seine Existenz verteidigen? Halten Sie die Gründung eines Balkanischen Staatenbundes sowie die Ersetzung eines zentralistischen Staates durch eine Kultur der Gemeinden für nützlich und möglich?

PK: Sowohl die Gründung eines Balkanischen Staatenbundes als auch die Ersetzung des zentralistischen Staates durch eine Kultur der Gemeinden halte ich für unrealistisch. Die Gründung eines Balkanischen Staatenbundes würde als Voraussetzung und Ausgangspunkt eine Lage des Gleichgewichts zwischen reifen und sich herauskristallisierenden balkanischen Staaten erfordern. Zusätzlich sollten sie die Empfindung teilen, dass ihre Vereinigung einen Faktor gestaltet, der in den internationalen

Entwicklungen berücksichtigt wird, sodass jeder einzelne Staat sich lieber an seinen nächsten wendet, als dass er die Allianz oder den Schutz eines Zentrums anstrebt, das außerhalb des Balkans besteht. In der voraussehbaren Zukunft wird keine dieser Voraussetzungen eintreten. Im Gegenteil wird eher eine Neugestaltung der Karte des Balkans zu erwarten sein, die vielleicht von blutigen Konflikten begleitet wird. Serbien befindet sich in einem Reduzierungsprozess, von dem nicht nur Kroatien und eventuell auch Ungarn profitieren werden, sondern auch die Abspaltungstendenzen in Montenegro. Vor allem aber wird die albanische Bevölkerung profitieren, die heute rund sechs Millionen Menschen in Westalbanien (ca. 3 400 000), im Kosovo und Sandžak (ca. 2 000 000) und im Südkaukasus (ca. 500 000) zählt. In zwanzig bis dreißig Jahren werden diese Bevölkerungen die Zahl von zehn Millionen erreichen oder gar übertreffen – und diese wird nicht die einzige Macht sein, die vielleicht zur Gründung Großalbaniens führen wird. Diese Gründung haben zwei andere, stark antiserbische Mächte guten Grund zu begünstigen, nämlich Italien und die Türkei. Ein Großalbanien in Allianz mit den Muslimen von Bosnien würde allein schon die heutige Konstellation der Kräfte auf dem Balkan umstürzen, aber auch weil ein Großalbanien den Einfluss anderer Länder verstärken würde, die Vorposten in der

Region brauchen. Schon die Perspektive, die ich hier skizziere, zeigt, wie weit der Balkan von einem Staatenbund entfernt ist. Aber auch die Hegemonie eines Balkanstaates über andere scheint unwahrscheinlich (hier schließe ich die Türkei nicht in die Balkanstaaten ein). Auf diese Weise werden wahrscheinlich die Balkanstaaten jeder für sich weiterhin Unterstützung außerhalb des Balkans suchen.

Ich kann mir kaum vorstellen, was unter den heutigen Bedingungen eine Wiederherstellung der »Kultur der Gemeinden« bedeuten würde, insofern wir unter ihr nicht bloß die tatsächlich bestehende Notwendigkeit einer Dezentralisierung bestimmter Gewalten im Rahmen eines modernen politischen Organismus verstehen, gleichgültig ob es ein Nationalstaat oder vielleicht ein Organismus anderer Gestalt ist. Die modernen Gesellschaften sind vielfältig und komplex in dem Sinne, dass sie sich auf eine mehrfach verzweigte Arbeitsteilung stützen. Aber der Eindruck der Autonomie der lokalen Zentren, der somit entsteht, ist irreführend. Die lebenswichtigen Zentren – zum Beispiel Energie- und Telekommunikationszentren – sind eher beschränkt, und die Abhängigkeit von ihnen ist eigentlich absolut. Dort, wo »Gemeinden« geblüht haben, geschah dies immer im Rahmen eines – mehr oder weniger – starken politischen Organismus. Sollten in Europa jemals die sogenannten »Regionen« blühen, so wird dies nur geschehen, wenn eine starke Zentralgewalt die grundsätzlichen Aufgaben des heutigen Nationalstaates übernehmen wird und, indem sie den Nationalstaat beseitigt, den einzelnen Regionen weiten Entfaltungsspielraum im Rahmen eines sehr weiträumigen Staates ermöglicht. Die Gemeinden im Byzantinischen Reich und während der türkischen Besatzung setzten ebenso die Garantie einer imperialistischen Gewalt voraus und erfüllten im Auftrag dieser Gewalt ganz bestimmte und lebenswichtige Funktionen. Wir dürfen nicht vergessen, dass die türkische Zentralgewalt die Institutionen der Gemeinden tolerierte und verstärkte, um sie vorrangig als Besteuerungsmechanismen zu benutzen. Die nostalgische Idealisierung solcher Institutionen wäre ein großer Irrtum, umso mehr, weil abgesehen von ihrer äußeren Funktion ihre innere Struktur von den heutigen Auffassungen gleichwertiger und mitverantwortlicher Mitbestimmung aller Angelegenheiten seitens aller Einwohner sehr weit entfernt war. Es dominierten umgekehrt patriarchalische Beziehungen, und in vielen Fällen waren die Gemeinden Vorposten der schlimmsten Willkür der Lokalbehörden. Ich habe Verständnis für die psychischen Nöte derjenigen, die historische Idyllen und Mythologien bei ihrem Versuch erschaffen, ideologische Stützen für eine Zeit zu finden, in der das Griechentum geprüft wird. Aber es ist nicht meine Aufgabe, diese Bedürfnisse zu stillen.

Wenn das Griechentum als eine differenzierte Identität überleben will, so wäre das Erste, was es tun müsste, zu produzieren, was es verbraucht. Ich meine keineswegs eine wirtschaftliche Autarkie im alten Sinne, sondern die Unabhängigkeit von der Politik und Praxis des parasitären Konsumwahns. Ein lebensfähiges kollektives Subjekt muss zumindest so viel exportieren, wie es importiert, zumindest in eine offenere Welt. Unabwendbar sind sonst der Sturz in die niederen Stufen der internationalen Arbeitsteilung, die Überschuldung und die politisch-militärische Abhängigkeit. In den letzten Jahrzehnten schritt das Griechentum schnell in dieser Richtung voran. Die Umkehrung dieses Prozesses erfordert eine tapfere Produktionsbemühung, fortgeschrittenes technisches Wissen und eine radikale institutionelle Sanierung sowie ein Bildungssystem von ganz anderem Niveau. An dieser Stelle muss betont werden, dass die gewöhnliche Gegenüberstellung von Modernisierungstendenzen und Kultivierung der nationalen Tradition vereinfachend und irreführend ist. Nur der Erfolg der Modernisierungsbemühungen erlaubt den erfolgreichen Wettbewerb mit anderen Nationen und verleiht somit jenes Selbstbewusstsein, das den nicht problematisierenden Umgang mit der nationalen Tradition und die Nachahmerei psychologisch überflüssig macht. Im Gegenteil: Die Unfähigkeit einer Nation, zusammen mit anderen Nationen in allem zu kämpfen, was – gut oder schlecht – als ein zentrales Feld der sozialen Aktivität gilt, setzt einen doppelten Ersatzmechanismus in Bewegung: einerseits die Nachahmerei als Bemühung, mit Oberflächlichkeiten all das zu ersetzen, was man als Substanz nicht besitzt, und andererseits den Traditionskult als Kompensation der Nachahmerei. Aus dieser Sicht sind der populistische Grecozentrismus und die kosmopolitische Nachahmerei symmetrische und verwandte Größen, auch wenn sie scheinbar zwei verfeindete Welten vertreten.

SK: In Ihrem Buch *Die Entstehung der Dialektik* beziehen Sie sich auf die radikale Kritik an der kapitalistischen Gesellschaft, die konservative Denker geübt haben, sowie auf den Einfluss Carlyles auf den jungen Engels. Können in Griechenland dionysische oder orthodoxe Traditionen aufgespürt werden, die der Verfestigung des Kapitalismus unüberwindbare Hindernisse in den Weg stellen?

PK: In meinem Buch über den Konservativismus im neueren Europa zeigte ich ausführlich, dass die zentralen Themen, auf die später die sozialistische Kritik am Kapitalismus einging, ursprünglich im ideologischen Raum der Gegenrevolution vorgebildet waren, nämlich in der konservativen Reaktion gegen die Prinzipien von 1789 sowie gegen die kapitalistische Wirtschaft und ihre Personifizierung, den sozialen Typus des Bürgers. Sozialer Träger dieser ersten bewussten antikapitalistischen Kritik war der patriarchalische Großgrundbesitzer, der frühere oder neuere Aristokrat: Er musste der Auflösung und dem Zusammenbruch seiner sozialen Existenz durch den unaufhaltsamen Einmarsch des kommerziellen-finanziellen Verkehrs bei der Industriellen Revolution, aber auch dem Durchbruch der individualistisch-liberalen Ideen zusehen. Diesen stellte er logischerweise ein idealisiertes Bild der vorkapitalistischen Wirklichkeit entgegen, in der angeblich die Menschen durch Blutsbande, durch die gemeinsame Tradition und durch gegenseitiges Vertrauen und Schutz vereint, von der Erde und in der Natur lebten und zugleich ihre existenzielle Substanz vor der Zerteilung bewahrten, die die fortgeschrittene Arbeitsteilung und die stete Jagd nach materiellem Gewinn innerhalb einer von konkurrierenden Individuen zerrissenen Gesellschaft durchsetzt. Der Konservativismus als antikapitalistische Ideologie erhielt im westlichen und zentralen Europa seine klassische Form, gerade weil in demselben Raum und zu derselben Zeit sich ebenfalls in klassischer Form sein Gegner entwickelte, nämlich der bürgerlich-kapitalistische Liberalismus. Hier hatten wir soziale Klassen mit mehr oder weniger klaren

Umrissen und mehr oder weniger einheitlichen Ideologien. Der griechische Fall ist substanziell anders. Wie ich vorhin bei einer Ihrer vorausgegangenen Fragen erwähnte, habe ich Vorbehalte gegenüber den Ansichten von Max Weber bezüglich der kausalen Beziehungen zwischen der Religion und der Art und Weise des Wirtschaftens. Deshalb kann ich nicht von Traditionen sprechen, die etwa »der Verfestigung des Kapitalismus unüberwindbare Hindernisse in den Weg« stellten. Vielleicht stellen sich die Dinge umgekehrt dar, vielleicht waren diese Traditionen stark, weil der Kapitalismus aus objektiven Gründen in einem unterentwickelten Stadium stecken blieb. Jedenfalls hat der konservative Antikapitalismus in Griechenland Formen angenommen, die sehr verschieden von denen im sonstigen Europa sind. So wie die ausgeformte und bahnbrechende bürgerliche Klasse als selbständiger Produzent einer kapitalistisch-liberalen Ideologie fehlte, und zwar mit der Konsequenz, dass diese Ideologie vor allem aus dem Ausland importiert wurde, so gab es auch keinen Landadel als ideologischen Vertreter eines konservativen Antikapitalismus. Das kulturelle Niveau des griechischen Lokalverwalters und Landgutbesitzers war sehr niedrig, seine soziale Welt war diejenige der balkanischen Stammesgruppe, und entsprechend war auch sein moralischer Kodex. Somit bestand der konservative Antikapitalismus ursprünglich und über längere Zeit in einer Nachentwicklung und Neuanpassung der sozialen Ideale des byzantinischen Mönchtums, verwandt mit ekstatischen und jenseitigen Auffassungen. Später wurden die uralten und stets lebendigen einheimischen Strömungen angereichert, sie vermischten sich mit den Ideologemen der Slawophilen, die sich in Russland schon im 18. Jahrhundert als Reaktion auf die Reformpolitik einiger Zaren zu formieren begannen, um in der ersten Hälfte des 19. Jahrhunderts mit einer beachtlichen Kohärenz zum Ausdruck zu kommen (zum Beispiel in den Werken von Iwan Kirejewski). Hier werden der Materialismus und der Rationalismus des Westens einer Natürlichkeit und Menschlichkeit sowie der intakten Seele des orthodoxen Ostens entgegengehalten. Die europäische kapitalistische Kultur wird als dämonische Macht und als fataler Fehltritt der Geschichte betrachtet. Es wäre sehr interessant, die Verbreitung und die Varianten ähnlicher Ideen im Rahmen der neugriechischen Ideologie des 19. und 20. Jahrhunderts zu verfolgen. Leider befindet sich diese Erforschung noch im Embryonalstadium, es fehlt also nicht nur eine systematische Zusammenstellung des Materials, sondern auch die begrifflichen Instrumente der Forscher sind meistens noch zu wenig verfeinert.

Der östlich-orthodoxe klostergemeinschaftliche Antikapitalismus orientierte sich aus offensichtlichen Gründen viel stärker an der übernationalen und internationalen Idee des religiösen Glaubens als an der Idee der Nation oder des Stamms. Dies ist einer der grundsätzlichen Unterschiede gegenüber einer anderen Form des konservativen Antikapitalismus, in der aber der Konservativismus durch den Nationalismus in einen Radikalismus verfällt. Bei Schriftstellern wie Ion Dragoumis können wir diese Rückentwicklung verfolgen und zugleich sehen, wie die Nation als eine lebendige und säkulare Tradition, als Gemeinschaft überindividueller Schicksale, angerufen wird, um die Risse und Wunden zu heilen, die die unmenschliche Realität der bürgerlich-kapitalistischen Herrschaft am sozialen Körper aufreißt. In dem Maße, in dem hier in Nachahmung europäischer Vorbilder seit Herder die genuine nationale Gemeinschaft idealisiert wird, können wir über einen romantischen Antikapitalismus in Gegenüberstellung zu dem klostergemeinschaftlich-religiösen Antikapitalismus sprechen. Die Monarchie wird als Symbol der nationalen Einheit und zugleich als Gegengewicht gegen die rein kapitalistischen Kräfte bejaht, deren höchstes konstitutionelles Ideal seit eh und je die Demokratie ohne Monarch war. Die Allianz des Monarchen mit dem Volk, wie sie die Formel des romantischen

Antikapitalismus vorsieht, muss sich gerade gegen diese Kräfte richten. Aber Fälle wie derjenige von Ion Dragoumis zeigen noch etwas: Die Unterscheidung zwischen »Sprachpuristen« und Befürwortern der Volkssprache (»Dimotiki«) bietet sich keineswegs als Kriterium für eine klare Einordnung der ideologischen und sozialen Strömungen an. Das Problem der Sprache hat nicht nur das gesamte geistige Leben des Landes desorientiert, sondern hat auch zu Entstellungen bei der Analyse der Ideologien geführt.

An anderer Stelle* habe ich zu zeigen versucht, dass die neugriechische Ideologie in ihrem größeren und ursprünglichsten Teil in der Tradition des Grecozentrismus steht. Wenn ein ideologisches Gebilde so breit ist, wenn sich auf ein ideologisches Prinzip gleichzeitig sehr viele berufen, dann sind Mehrdeutigkeit und Schwankung seiner Inhalte die notwendige Konsequenz. Somit fanden innerhalb des Grecozentrismus über den nationalromantischen Antikapitalismus hinaus auch andere antikapitalistische Strömungen Zuflucht, von denen einige an den Faschismus grenzten. Es

* Siehe die Einleitung der griechischen Ausgabe von *Der Niedergang der bürgerlichen Denk- und Lebensform*. In der deutschen Ausgabe (Erstveröffentlichung: Berlin 1991) fehlt diese auf Griechenland bezogene Einleitung.

wäre, wiederhole ich, wünschenswert, wenn jüngere Forscher, mit einer verfeinerten Begrifflichkeit gewappnet, mit dem Fleiß und der Imagination, die die Neusynthese zerstreuter und schwer durchschaubarer Spuren erfordert, sich dieser systematischen komparatistischen Erforschung hingäben.

SK: In der nachkriegszeitlichen Welt wurde der Partisanenkrieg von Vietnam bis Zypern, Kurdistan, Tschetschenien und Mexiko universal als die einfachste Reaktion der Schwachen anerkannt. Von Clausewitz zu Lenin und Mao überleitend, können wir eine klare Theorie des Partisanenkrieges zusammenstellen. Oder sollte man es vorziehen, die Theorie des Partisanenkrieges als einen Teil der allgemeinen Theorie des Krieges zu betrachten?

PK: Der Partisanenkrieg ist eine besondere Form von Krieg, die besondere strategische und taktische Probleme stellt. Im Gegensatz dazu entwickelt die allgemeine Theorie des Krieges eine Begrifflichkeit, die jede Art von Strategie umfassen muss, wenn sie eine ausreichend inhaltsreiche und flexible Begrifflichkeit sein will, nämlich auch Strategien umfasst, die im Gegensatz zueinander stehen. Somit bewegen sich die allgemeine Theorie des Krieges und jene besondere Strategie, die »Partisanenkrieg« genannt wird, auf unterschiedlichen logischen

Ebenen. Die Errungenschaft von Clausewitz ist zeitlos, gerade weil sie in einer allgemeinen Theorie vom Krieg besteht, die fähig ist, alle Arten von Krieg, vom primitivsten Partisanenkrieg bis zum extrem technologisierten modernen Krieg, begrifflich zu erfassen. Dies verstehen verschiedene oberflächliche Leser von Clausewitz nicht, die ihn mit überkommenen Formen von Strategien identifizieren und auf dieser Grundlage sein Werk für veraltet erklären. Aus ihrer Sicht haben die Theoretiker des Partisanenkrieges in unserem Jahrhundert weder eine allgemeine Theorie des Krieges geliefert noch waren sie gezwungen, eine zu liefern. Wenn sie teilweise aus Clausewitz geschöpft haben, so liegt der Grund offensichtlich darin, dass jede Form von Krieg mit dem Krieg allgemein und an sich verbunden ist, sie gehört zu ihm, so wie die Art zur Gattung gehört, das heißt, diese besondere Form des Krieges nimmt Anteil an allen seinen Merkmalen außer an den spezifischen Unterschieden.

Zweifellos hat während eines halben Jahrhunderts (das heißt seit dem Beginn des Partisanenkrieges in China bis zum Rückzug der Amerikaner aus Vietnam) der Partisanenkrieg das planetarische Geschehen geprägt, indem er wesentlich zum Zerfall der Kolonialimperien und zur Bildung von Zentren beitrug, die mit dem Westen konkurrierten. Aus dieser Tatsache lässt sich aber nicht ableiten, dass der Partisanenkrieg einen universalen Wert hat und jeden Widerstand beugen kann, sondern vielmehr, dass er als ein Phänomen größeren Umfangs zu einer besonderen Zeit gehört und mit besonderen Umständen verbunden ist. Der Partisanenkrieg war erfolgreich vor allem im Kampf der Kolonialvölker oder Halbkolonialvölker gegen einen fremden Herrscher, der stammesmäßig und kulturell ein Fremdkörper innerhalb der einheimischen Gesellschaft blieb. In den wenigen Fällen, in denen der Partisanenkrieg eine besondere Bewegung oder Partei an die Macht brachte, geschah dies, weil das ungeordnete Heer bereits ausreichend stark war, um substanziell in ein geordnetes Heer, ein diszipliniertes und hierarchisch organisiertes, verwandelt zu werden. Was ein Partisanenkrieg zu sein schien, war in Wirklichkeit zumindest im letzten Stadium ein Kampf zwischen Soldaten, den das stärkere Heer gewann. Dies bedeutet, dass dort, wo das geordnete Heer – aus allgemeinen sozialen und politischen Gründen – keine Symptome der Desorganisation und der Auflösung zeigte, die Partisanentruppen keine ernsthaften Möglichkeiten hatten, als Sieger aus dem Streit hervorzugehen. Außerdem haben für den Ausgang des Bruderkriegs die auswärtigen Mächte eine entscheidende Rolle gespielt, nämlich der jeweils »interessierte Dritte« und die materielle oder andere Hilfe, die er der einen oder anderen einheimischen Fraktion leistete. Ohne das militärische Material, das die Sowjetunion in den 1970er-Jahren an Vietnam lieferte, wäre es fraglich gewesen, ob der Partisanenkrieg trotz der unbezweifelbaren Tapferkeit der kommunistischen Kämpfer diesen Ausgang genommen hätte.

Die Prognose, der klassische, massenhafte Partisanenkrieg werde keine entscheidende Rolle spielen und als Phänomen eher schwinden, wird durch zwei zusätzliche Tatsachen verstärkt: einerseits durch die Tatsache der Multiplizierung und Verfeinerung der Waffen, die gegen Partisanengruppen von einem flexiblen, geordneten Heer gebraucht werden können, und andererseits durch die Tatsache der radikalen Änderung der demografischen Voraussetzungen und der Umweltbedingungen. Die erste dieser beiden Tatsachen verleiht heute der alten Feststellung zusätzliches Gewicht, dass dort, wo das geordnete Heer nicht zerfällt, die Partisanentruppen keine Chance auf einen Sieg haben. Die zweite Tatsache fällt nicht weniger ins Gewicht. Die drastische Entlaubung der Wälder, die Öffnung des Landes für den Verkehr und vor allem die radikale Ballung von Bevölkerungen in den Städten nehmen dem klassischen Partisanen den Raum, in dem er sich, nach Mao Tse-tung, wie der Fisch im Wasser bewegen könne. Im klassischen Partisanenkrieg hatte derjenige, der auf dem Land dominierte, die

Möglichkeit, die Städte zu belagern. Heute bedeutet die Herrschaft in Teilen des Landes nicht viel, wie zum Beispiel die Erfahrung in Peru zeigt. Diese Umkehrung des Bildes bedeutet natürlich nicht, dass die unorthodoxen Formen des Krieges beendet sind und in Zukunft das »Gesetz und die Ordnung« der Herrschenden sich problemlos durchsetzen werden. Es bedeutet aber, dass die Szene der unorthodoxen Formen des Krieges weniger das Land, als eher die Städte sein werden, und dass an die Stelle des klassischen Partisanenkrieges eine neue Form von Terrorismus treten wird, der von eher kleinen und flexiblen Gruppen ausgeht. Ich nenne diesen Terrorismus »neu«, denn er wird sich nicht in mörderischen Attentaten gegen Personen erschöpfen, wie es im vorrevolutionären Russland geschah und sich in Deutschland und in Italien vor allem in den 1970er-Jahren ereignete. Vielleicht waren solche Terroranschläge spektakulär, allerdings waren und sind sie eigentlich unfähig, das Funktionieren der Gesellschaft ernsthaft zu beeinflussen. Heute existieren ganz andere Möglichkeiten, und diese Möglichkeiten bietet die Struktur der hochtechnologischen Gesellschaft, die auf den ersten Blick unendlich komplexer, verzweigter und fragmentarischer ist, während ihr Funktionieren in Wirklichkeit von relativ kleinen Energie- und Informationszentren abhängt. Deshalb ist diese Gesellschaft in ihrer

Gesamtheit so verwundbar, wie es keine andere Gesellschaft in der Vergangenheit war. Wenn die Terroranschläge mit ausreichend technischem Wissen und Konsequenz auf die kritischen Nervenzentren zielen, dann ist gewiss, dass sie eine moderne Gesellschaft beugen können. Aufgrund der weltweiten Veränderungen in den objektiven Gegebenheiten komme ich zu dem Ergebnis, dass die Zeit des Partisanenkrieges der Vergangenheit angehört und wir in das Zeitalter des Terrorismus eintreten, der sich in manchen Fällen mit Formen des Partisanenkrieges der Städte vermischen kann. Es versteht sich, dass – so wie der klassische Partisanenkrieg – auch der Terrorismus erst dann politische Perspektiven haben wird, wenn sein Höhepunkt mit einer tiefen und lang anhaltenden sozialen Krise zusammenfällt.

SK: Wenn Sie von der Krise der bürgerlichen Zivilisation sprechen und vom Niedergang des Westens, wie beurteilen Sie die Ansichten von Francis Fukuyama in *Das Ende der Geschichte* (1992) und Samuel P. Huntington in *Kampf der Kulturen* (1998)? Glauben Sie, dass Oswald Spengler mit dem, was er in *Der Untergang des Abendlandes* (1918/22) schrieb, recht hatte?

PK: Die antiken Historiker sagen, nach der Zerstörung Karthagos habe Scipio der Jüngere in Afrika mit Tränen in den Augen dem Ende seiner Feinde zugeschaut. Denn er entsann sich des homerischen Verses »es kommt einmal der Tag, an dem das heilige Ilion untergeht« und bedachte, dass dasselbe Schicksal eines Tages auch Rom ereilen werde. Weit geringere Geister und viel kleinere Seelen machen genau das Gegenteil. Sobald ihre eigene Politik und ihre ideologische Fraktion einen entscheidenden Sieg erringen, eilen sie vor, das Ende der Geschichte zu verkünden, als könne nichts diesen Sieg aufheben. Oder sie tun etwas praktisch Gleichwertiges: Sie malen die historische Zukunft so aus, wie sie aussehen sollte, wenn die Art und Weise, auf welche der Sieger sich selbst und seine Handlungen gerne versteht, tatsächlich mit dem objektiven Gang der Geschichte zusammenfiele. Das Prickelnde ist, dass die Anhänger des vorläufig kapitalistischen Liberalismus von fast derselben Geschichtsphilosophie ausgehen wie früher die Marxisten: Sie reden, als durchlaufe die Geschichte, wenn auch nach vorläufigen Umwegen, eine geradlinige Fahrstrecke, an deren Ende zwangsläufig eine einheitliche und friedliche Welt stehe. Ebenso meinen die Anhänger des Liberalismus wie die Marxisten, dass die ökonomischen Faktoren, das heißt die Entfaltung der produktiven Kräfte und die Verschachtelung der Wirtschaften, die bewegenden Kräfte des historischen Fortschritts darstellen, welche den Krieg durch den Handel ersetzen werden. In verschiedenen Texten habe ich die gemeinsamen Voraussetzungen der marxistischen und der liberalen Utopie aus der Sicht der Ideengeschichte analysiert. Wie die Marxisten den Schiffbruch ihrer Utopie erlebt haben, so werden die Liberalen in Kürze vor den Ruinen ihrer eigenen Utopie stehen, welche die fürchterlichen Kämpfe der Güterverteilung im 21. Jahrhundert zerstören werden. Diejenigen, die meinen, die Geschichte sei zu einem Ende gekommen, können sicher sein, dass die Geschichte hinter der nächsten Ecke auf sie lauert. Und die unzähligen Intellektuellen, die sich voreilig von Mitläufern oder Propagandisten des Sowjetismus in Mitläufer und Marktschreier des Amerikanismus verwandelten, haben sich umsonst bemüht.

Wenn Fukuyama dem universalistischen Amerikanismus das Charisma der Geschichtsphilosophie verliehen hat – und sei es auf schlichte Art und Weise –, so hat Huntington den amerikanischen Kolonialambitionen praktische Ausgleiche und Praktiken zugestanden. Wenn die Geschichte zu keinem Ende gelangt ist, sondern als ein Konflikt der Kulturen fortgesetzt wird, und wenn der europäische und amerikanische Westen von der Definition her ein gemeinsames Schicksal innerhalb dieses Konflikts teilen, dann ist es offensichtlich, dass die USA als die stärkste Nation des Westens stets in ihrer Verteidigung gegen die muslimischen und konfuzianischen Massen herrschen müssen. Das heutige Europa (ich verwende den Terminus konventionell, denn es existiert eigentlich keine solche politische Entität) stellt aus politisch-militärischer Sicht annähernd ein amerikanisches Protektorat dar, und es wird ein solches in absehbarer Zeit bleiben. Die Gedanken von Huntington haben aus dieser Sicht eine tatsächliche Grundlage, aber die allgemeinere historische und soziale Fundierung ist schwach. Wenn Europa und die USA im 21. Jahrhundert Weggefährten sind, wird die Rede nicht von der kulturellen Gemeinschaft sein, sondern von einer Gemeinschaft von Interessen, wie sie jeweils die Geopolitik, die Strategie und die Wirtschaft bestimmen. Niemals waren die kulturellen Faktoren bei der Suche nach Alliierten bestimmend, auch wenn die Allianzen zwischen kulturell Verwandten üblicherweise nachträglich entsprechend rationalisiert werden, um ihnen eine hohe Motivation zu verleihen. Es ist aber unvernünftig, anzunehmen, Japan würde zwischen den USA und China gemäß seiner kulturellen Verwandtschaft wählen, sodass Japan sehr wahrscheinlich eine Provinz eines überstarken Chinas würde, und nicht aufgrund von strategischen Kriterien, die Japan Spielraum für größere Unabhängigkeit geben würden, und zwar unter dem toleranteren amerikanischen Dach. Auch ist es unvernünftig, zu glauben, die Arabischen Emirate würden die Herrschaft der Islamisten der Allianz mit den »ungläubigen« Amerikanern vorziehen. Und es ist unvernünftig, zu denken, ein vom Westen enttäuschtes Russland könne aufgrund der kulturellen Unterschiede nicht in die Arme Chinas fallen, um mit China einen starken eurasischen Block zu bilden. Übrigens ist es unmöglich, dass alle Kulturen gegen alle Kulturen kämpfen. Das Kräftespiel erfordert Bündnisse und Allianzen – aber welche kulturellen Kriterien könnten bei der Schließung von Allianzen zwischen Kulturen vorherrschen? Welche kulturelle Logik verlangt von Muslimen, sich mehr den Chinesen anzunähern und sich gegen den Westen zu wenden? Huntington umgeht diese elementaren Fragen und versucht auch gar nicht, von der historischen Erfahrung belehrt zu werden. Denn seine Absicht ist, wie wir sagten, weniger theoretisch als vielmehr strategisch, und zwar, wie es sich versteht, aus der amerikanischen Perspektive.

Ich glaube nicht, dass die heutige politisch-militärische Schwäche Europas und ihre daraus folgende Abhängigkeit von den USA ausreichen, um die Thesen von Spengler zu rechtfertigen. Damit eine Theorie bestätigt wird, genügt es nicht, dass sie einige Ereignisse richtig feststellt, sie muss sie auch richtig erklären. Die Theorie ist eine Erklärung, nicht bloße Feststellung realer Gegebenheiten. Spengler hat nicht nur behauptet, dass die Kulturen leben, sich entwickeln und verfallen, sondern auch, dass dies aus bestimmten Gründen geschieht, dass dies nach bestimmten morphologischen Normativitäten oder Gesetzmäßigkeiten geschieht, die sogar Prognosen erlauben. Solche Behauptungen können konkreten historischen Analysen nicht standhalten, aber gerade dies ist das Erstrebenswerte. Der Gemeinplatz, dass das, was geboren wird, eines Tages stirbt, ist unzweifelhaft. Aber er reicht nicht aus, um eine Geschichtstheorie zu fundieren. Und ich glaube, die Ausführungen Spenglers sind über diesen Gemeinplatz hinaus als Geschichtstheorie unfundiert, obwohl sie viele einzelne erhellende Bemerkungen enthalten. Das historische Schicksal und die heutige Situation Europas kann also nicht durch Deduktion, ausgehend von einem vorgegebenen Schema und mit einem Leitfaden über interne Verfahren, beschrieben werden. Im Gegenteil scheint mir, dass die europäische Neuzeit ihren Kreis abgeschlossen hat, zumal Europa die weltweite Herrschaft seit dem Zeitalter der Entdeckungen eingebüßt hat. Mit anderen Worten: So wie der Beginn der Neuzeit – grob gesagt – mit dem Beginn der weltweiten Herrschaft Europas zusammengefallen ist, so fällt ihr Ende mit dem Ende dieser Herrschaft zusammen. Die Neuzeit war kein bloß europäisches Phänomen, sondern hatte einen eurozentrischen Inhalt, sowohl weltanschaulich als auch wirtschaftlich-politisch. Die Überwindung der europäischen Dimension durch die planetarische Dimension und des bürgerlichen Liberalismus durch die Massendemokratie (als der ersten echten planetarischen gesellschaftlichen Formation) liefen mit der Auflösung des spezifischen Inhalts und der spezifischen Lebenstheorie und Lebenspraxis der europäischen Neuzeit zusammen. Nach 1945 befand sich ganz Europa unter doppelter Herrschaft, amerikanischer und sowjetischer, und das Verfahren der europäischen Vereinigung, wie unvollkommen sie auch ist oder bleiben wird, wurde nicht eingeleitet, weil angeblich die europäischen Völker, eine Lehre aus der blutigen Vergangenheit ziehend, sich für die Brüderlichkeit entschieden haben, sondern es war gerade eine Konsequenz der welthistorischen Abwertung Europas. Solange Europa in der Welt mit seinen Kolonialimperien herrschte, waren die innereuropäischen Rivalitäten stark, weil der Herrscher über Europa zugleich der Herrscher über die Welt sein sollte. Der Verlust der weltweiten Herrschaft nivellierte die welthistorische Bedeutung der europäischen Rivalen, und somit fiel ihre Intensität auch unter amerikanische Hegemonie. Aber die Sache hat nicht nur ihre politische Seite. Eine andere wichtige Frage ist, inwieweit und in welcher Form Elemente der neuzeitlichen europäischen

Kultur überleben werden, oder die Frage, ob die moderne Technik auch mit anderen, sehr verschiedenen Kulturen kompatibel ist. Die Antwort auf solche Fragen ist nicht einfach. Aber schon ihre Formulierung zeigt, dass der historische Weg und der Einfluss der Kulturen viel komplexer sein können, als jede Philosophie oder Geschichtstheorie annimmt. Dies gilt umso mehr, wenn auf einem dicht besiedelten Planeten die einzelnen Gewächshäuser verschwunden sind, in denen in einem relativ langsamen Rhythmus die Kulturen der Vergangenheit gediehen.

SK: Meinen Sie, dass der allgemeine Verfall des griechischen Staates in unseren Tagen fatal ist, oder gibt es noch Möglichkeiten der Umkehrung?

PK: Offensichtlich haben Sie die schwierigste Frage für den Schluss aufgehoben. In der Geschichte gibt es keine Gesetzmäßigkeiten, mit deren Kenntnis man genau prognostizieren könnte, was in Zukunft geschehen wird. Es bestehen nicht einmal geradlinige und unabwendbare Entwicklungen, auch wenn einige im Nachhinein so erscheinen. Die Analyse muss demnach auf die Struktur der jeweiligen bewegenden Kräfte zielen, auf die Struktur der tieferen Neigungen, von denen erwartet wird, dass sich daraus die eigentlich unvorhersehbaren einzelnen Ereignisse ergeben.

Zweifelsohne befindet sich das Griechentum seit Jahrzehnten in einem Verfahren geopolitischer Reduktion, und wir wissen jetzt schon mit Sicherheit, dass zumindest eine Konstituente dieser Reduktion fast geradlinig verlaufen wird: die demografische Konstituente. Dies kann nach zwei oder drei Generationen nicht ohne Konsequenzen bleiben, wenn die albanischen Bevölkerungen zahlenmäßig die griechische Bevölkerung übersteigen werden, während die Türkei eine zehnfache Einwohnerzahl verzeichnen wird. Welches Ausmaß und welche Form die demografischen Konsequenzen annehmen werden, wird natürlich teilweise von einer Reihe nichtdemografischer Faktoren abhängen. Während ich auf Ihre sechste Frage antwortete, nannte ich in aller Kürze, was mir die mindeste Bedingung für das Überleben des Griechentums zu sein scheint. Hier muss ich hinzufügen, dass die negativen demografischen Entwicklungen den wirtschaftlichen Aufschwung wesentlich beeinträchtigen. Aber darüber hinaus würde, in Anbetracht der Größe und des Potenzials des Landes, sogar eine – nach meinem Empfinden unwahrscheinliche – interne Neugestaltung des Landes, sowohl gemäß den Erfordernissen der heutigen Welt als auch gemäß seiner kulturellen Besonderheit, keine ausreichende Garantie für seine Integrität und sein Überleben sein, wenn das internationale Umfeld absolut ungünstig ist.

Wir wissen nicht, welche Zukunft und welche Form die europäische Vereinigung haben wird, genauso wie wir nicht wissen, ob Griechenland für ein vereintes Europa ein unentbehrlicher Teil oder eine noch zu verhandelnde Provinz ist. Wir wissen nicht, ob Russland relativ schnell wirklich die Rolle einer Großmacht spielen wird, dabei die Türkei unter Druck setzen kann und damit Griechenland eine Entlastung verschafft. Wir wissen schließlich nicht, was der Ausgang des großen regionalen hegemonialen Unternehmens sein wird, das die bereits bevölkerungsstarke Türkei mit ihrer raschen Industrialisierung und der entsprechenden Ausrüstung einleitet. Wenn wir die heute herrschenden Tendenzen geradlinig in die Zukunft verlängerten, dann würde die Zukunft gewiss nicht rosig aussehen, zumal sich das strategische und politische Denken in Griechenland, das heißt das Bewusstsein für die eigentlichen Probleme, noch im embryonalen Zustand befindet. Ich glaube aber nicht, dass das Schicksal des griechischen Nationalstaates zusammen mit dem Schicksal aller anderen Nationalstaaten auf der Erde entschieden wird, das heißt, die allgemeine Aufrechterhaltung des Nationalstaates garantiert nicht die Aufrechterhaltung des griechischen Nationalstaates, so wie die Auflösung des Letzteren nicht zwangsläufig im Rahmen der Auflösung aller Nationalstaaten geschehen würde. Ich bin kein »Nationalist«, und es würde mich keineswegs betrüben, wenn nach allgemeiner Übereinstimmung die Nationalgrenzen und die Nationaltruppen aufgehoben würden. Aber die Auflösung eines Nationalstaates zusammen mit der Auflösung aller anderen Nationalstaaten und die Auflösung oder Amputierung eines Nationalstaates, weil ein Nachbarstaat stärker und aggressiver ist, sind zwei verschiedene Dinge.

Der ideologische Irrtum ist der natürliche Zustand

Panajotis Kondylis im Gespräch mit Spyros Tsaknias (1998)

ST: Der Leser Ihrer Bücher und Artikel stellt neuerdings eine gewisse Wende Ihres Denkens in Richtung der politischen Analyse fest. Worauf führen Sie diese Wende zurück?

PK: Die unsichtbare Zeittafel des Denkens fällt nicht unbedingt mit der sichtbaren Reihenfolge der Veröffentlichungen zusammen. Meine ersten Bücher behandelten natürlich Themen, die gemäß der – häufig irreführenden – gängigen Zuordnungen als »philosophisch« oder jedenfalls »theoretisch« gelten. Aber zur Behandlung dieser Themen führte mich nicht das ausschließliche Interesse an der »Philosophie« und das Ausbleiben von politischen Interessen, sondern vielmehr eine Problematik, die schon anfangs mit der Politik im weiteren sowie im engeren Sinne des Begriffs zusammenhing. Das Werk *Die Entstehung der Dialektik*, in dem die abstraktesten philosophischen Begriffe des nachkantischen deutschen Idealismus ausführlich behandelt werden, entstand beispielsweise aus der intensiven Erforschung der geistigen Wurzeln und Voraussetzungen des Marxismus, wobei der Hegelianismus als eine der Kindsmütter des Marxismus zur Erforschung seiner Vorgeschichte führte. An diesem Beispiel wird, glaube ich, insbesondere deutlich, wie die politischen Interessen aufs Natürlichste in philosophische Untersuchungen, sogar im technischen Sinn des Begriffs, umgegossen werden – wenn verständlicherweise die Notwendigkeit der Vertiefung und Erweiterung dringend spürbar wird. Obwohl äußere Reize nicht allein wirksam sind, wo persönliche Veranlagung und Neigung fehlen, muss ich doch bekennen: Die Beschäftigung mit dem Marxismus war nicht bloß Nahrung zur ideologischen Sättigung von ideologisch-eschatologischen Bedürfnissen; sie lieferte einen geistig inhaltsreichen Rahmen, innerhalb dessen die Koexistenz und gegenseitige Ergänzung philosophischer und politischer Interessen fast selbstverständlich waren.

Ich vermute jedoch, dass Sie etwas Konkreteres meinen, nämlich die Analysen der planetarischen Politik, die ich nach dem Ende des Kalten Krieges veröffentlichte. Bevor ich darauf zu sprechen komme, ist eine zweite einleitende Bemerkung notwendig. Meine frühesten politischen Interessen, von denen ich sprach, waren nicht mit der intensiven Beobachtung der laufenden nationalen und internationalen Politik erschöpft, sondern führten zu einem substanziellen Studium der antiken und neueren Kulturtheorie, deren Früchte in eine ausführliche Studie über Machiavelli und später in meine Monografie über die konservative Ideologie eingegangen sind. In denselben Kreis gehört meine Arbeit über Montesquieu, die ich viel früher entworfen habe, als ihre Niederschrift und Veröffentlichung glauben lassen. Eine Brücke zwischen dem Studium der politischen Theorie und der unablässigen Beobachtung der politisch-militärischen Entwicklungen war die Beschäftigung mit den besten Analytikern der internationalen Beziehungen. Unter ihnen verdient Raymond Aron besondere Erwähnung, nicht nur wegen seiner Nüchternheit und seines hohen geistigen Ethos, sondern aufgrund seiner breiten soziologischen und philosophischen Bildung. Von da an entwickelte sich fast unausweichlich und unmerklich die zunehmende Vertrautheit mit den Problemen der strategischen, geopolitischen und militärischen Geschichte. Mein Buch über die *Theorie des Krieges* wurde in Deutschland erst im Jahr 1988 veröffentlicht und ist nicht bloß eine neue Interpretation von Clausewitz und eine Neubestimmung der Grundformen des neueren Krieges, sondern zugleich eine Umsetzung der theoretischen Ernte zu wesentlichen Fragen des Kalten Krieges, wie sie sich zum Beispiel während der Bildung des damals gültigen sowjetischen militärischen Dogmas stellten.

Also war die »Wende« zur politischen Analyse, wie Sie sie nennen, nie eine Wende im Sinne eines plötzlichen Übergangs von einem Interessenskreis zu einem anderen, der dem ersteren mehr oder weniger fremd war. Zusätzlich war diese Wende auch schon in der Form von Publikationen vor dem Ende des Kalten Krieges vollzogen. Aber der Zusammenbruch des Kommunismus und der Beginn der amerikanischen Hegemonie schufen eine für die Reflexion anregende Situation, zumindest für eine auf einer angemessenen Propädeutik fußende Reflexion. Jede offene Situation stellt uns vor die Versuchung, Voraussagen zu machen, aber diese müssen sich aus einer ernsthaften Analyse der bewegenden Kräfte, zumindest der mittelfristigen Faktoren der Entwicklung, ergeben. Solche Analysen sind wiederum unmittelbar oder mittelbar mit allgemeinen theoretischen Fragen verwoben. Die nach dem Kalten Krieg vorherrschende westliche Ideologie behauptet, dass von Stund an das wirtschaftliche Element absolute Priorität erhalte und die klassischen Formen von Konflikten entschärfe, weil das wirtschaftliche Element zu einer vereinheitlichten Welt führe. Die Annahme oder Ablehnung dieser Ansicht setzt natürlich eine generelle Klärung der Beziehungen zwischen

Wirtschaft und Politik in einer weiten geschichtlichen und theoretischen Perspektive voraus. Die neuen strategischen Gegebenheiten und die Verschiebung vom Gleichgewicht des atomaren Terrors fort und hin zu Konflikten niederer Intensität und großer Vielfalt erfordern schließlich die Untersuchung der Frage, inwiefern die Begrifflichkeit der klassischen Theorie des Krieges, wie sie Clausewitz geschaffen hat, die sich herausbildende Situation erfassen kann. Diesen Beispielen könnte ich andere hinzufügen, wie etwa die Beurteilung des neuen welthistorischen Zeitalters aus der Perspektive einer bestimmten Geschichtsphilosophie oder die »Menschenrechte« in ihrer doppelten ideologischen und politischen Funktion. Aber über die theoretischen Dimensionen hinaus, die nolens volens die Anatomie der planetarischen Zusammenhänge erhält – wenn sie sich bewahrheitete –, haben wir es zunächst mit der Feststellung und Hierarchisierung der tatsächlichen Elemente hinsichtlich der Entwicklungen in der Wirtschaft, der Diplomatie und der Aufrüstung zu tun. In meinem Buch *Planetarische Politik nach dem Kalten Krieg* versuchte ich eine erste Synthese zwischen der pragmatischen Diagnose und den theoretischen Implikationen vorzunehmen. Heute, sieben Jahre nach der Niederschrift dieses Buchs, empfinde ich Befriedigung darüber, kein einziges Wort ändern zu müssen. Dies ist nicht unwichtig, wenn man bedenkt, wie viele Voraussagen anderer Analytiker seitdem falsifiziert worden sind. Ich beziehe mich nicht bloß auf die Lächerlichkeiten, die bezüglich eines »Endes der Geschichte« geäußert worden sind, sondern auch auf viel handfestere Fragen. In den Diskussionen unter Völkerrechtlern herrschte zum Beispiel die Meinung vor, die neue Weltordnung werde sich um drei Pole und deren weitere Räume konzentrieren, nämlich die USA, Europa und Japan, das sich zu Beginn des Jahrzehnts noch auf dem Höhepunkt seines produktiven, exportierenden und finanziellen Wachstums befand. Ich selbst betonte, Japan werde nie zu einer Hegemonialmacht im Fernen Osten, solange China noch nicht das letzte Wort gesprochen habe, und Europa werde in voraussehbarer Zukunft keine politische Einheit mit einheitlichem und ernst zu nehmendem Willen darstellen, und die amerikanische Hegemonie werde schließlich die Form eines Dienstleisters von polizeilichen und Feuerwehrdiensten für die Alliierten annehmen, in diesem Fall jedoch mit wesentlichen wirtschaftlichen Kompensationen. Ich sah ebenfalls voraus, dass das charakteristische Kennzeichen des neuen Zeitalters nicht so sehr die Herausbildung geschlossener Großräume als vielmehr der Aufstieg mittlerer Kräfte sein werde, die zum Handeln auf regionaler Ebene fähig sind, entweder freiwillig oder in Zusammenarbeit und als Statthalter einer planetarischen Macht. Ein typisches Beispiel einer solchen mittelgroßen Macht ist die Türkei, die in dreißig Jahren hundert Millionen Einwohner haben und, gestützt auf eine rasche Industrialisierung, zu den ersten militärischen Mächten der Welt zählen wird.

ST: Wie ist Ihre Wendung zur politischen Analyse mit Ihren früheren Fragestellungen zu verbinden? Und wie würden Sie selbst grundsätzlich den Weg Ihres Denkens von den Anfängen bis heute beschreiben?

PK: Auf Ihre erste Frage habe ich bereits erklärt, worin die Beziehung von früheren theoretischen Fragestellungen zu meinen neuesten politischen Analysen besteht und wie sie diese fortsetzen. Die politische Theorie bildete in gewissem Sinn die Brücke zwischen philosophischen oder anthropologischen Verallgemeinerungen und politischen Analysen im engeren Sinn. Die Beschäftigung mit dem Gegenstand der politischen Theorie entwickelte früh eine eigene Dynamik und Logik, die ebenfalls früh zu einer fruchtbaren Auseinandersetzung mit dem allgemeinen Rahmen der marxistischen Auffassungen führte. Um mich schematisch auszudrücken: Während die marxistische Auffassung der Geschichte einen mehr oder weniger geradlinigen Fortschritt mit einem moralisch gefärbten Ende beschreibt, wobei das wirtschaftliche Element der unmittelbare Träger ist, zeigt die Betrachtung der Geschichte aus der Sicht des politischen Elementes eine Wiederverwertung von ähnlichen Mechanismen auf – die sich nicht unbedingt eingeschaltet haben –, ohne einen letzten moralischen oder anderen Sinn und ohne die wissenschaftliche Feststellung einer Priorität des wirtschaftlichen Faktors, des ideologischen, des *race*-bezogenen und nationalen oder irgendeines anderen Faktors. Die Trennung von der Eschatologie, die mir psychologisch nicht schwerfiel, hatte die Aufhebung jeder geradlinigen Auffassung des historischen Geschehens zur logischen Konsequenz. Übrigens wurde diese Auffassung stets mit der Absicht einer Eschatologie formuliert. Aber auch der Primat der Wirtschaft innerhalb des marxistischen Schemas tendierte dazu, so paradox dies erscheinen mag, die Eschatologie mit wissenschaftlichen Argumenten zu sichern. Denn die Notwendigkeit der Entwicklung der Produktionskräfte und die Notwendigkeit der Anpassung der Produktionsverhältnisse an die Produktionskräfte schienen das Happy End der Geschichte unabwendbar zu machen, nämlich die klassenlose Gesellschaft, unabhängig vom Willen, unabhängig sogar von der individuellen Moral der Menschen. Auf diese Weise zog die Ablehnung der Eschatologie auch die Ablehnung des Primats der Wirtschaft nach sich, zumindest wie der Marxismus ihn verstand. Die Geschichte öffnet sich jetzt gegenüber ihren möglichen Ausgängen (nicht nur unbedingt hinsichtlich der wirkenden Mechanismen), denn sie führt intern zu einer festen Hierarchie von Faktoren, in welcher der eine Faktor immer stärker bestimmend als ein anderer ist, aber immer variieren je nach dem Zusammenhang das Gewicht und ihre Bedeutung. Dies bedeutet keineswegs die Ablehnung einer Geschichtswissenschaft und einer Geschichte der menschlichen Zustände, das heißt es bedeutet keineswegs die Ablehnung der Kausalität. Denn das eine ist die Kausalität, die in jedem Fall gültig ist, und etwas anderes ist die Gesetzmäßigkeit, die alle Fälle in einer nur teleologisch artikulierten Kette einzuordnen versucht. Die Wirtschaft bewahrt natürlich weiterhin ihr besonderes Gewicht innerhalb der Faktoren, die das gesellschaftliche Leben bestimmen, aber sie ordnet sich in die allgemeine Logik und die allgemeine Morphologie der gesellschaftlichen Beziehungen ein, nämlich die Beziehungen zwischen menschlichen Existenzen, die in einer Gesellschaft leben. Wenn man von den Menschen spricht, von ihren Beziehungen untereinander, von Kräften, die Gesellschaften konstituieren und zusammenhalten, so dringt man auf die tiefere und letzte Ebene der Analyse vor, nämlich auf die Ebene der sozialen Ontologie.

Diese Ebene versuche ich jetzt in einer dreibändigen Arbeit zu erkunden, deren erster Band demnächst in Deutschland veröffentlicht wird.

Entscheidende Anregungen für mein Denken gab mir aber nicht nur die kritische Auseinandersetzung mit der marxistischen Theorie, sondern auch die kritische Erfahrung und Beobachtung der kommunistischen Bewegung in ihrer diachronen Dimension. Mehrere Millionen Menschen, von denen viele sehr moralische Vorsätze hatten und oft eine unvergleichliche Bereitschaft zum Selbstopfer zeigten, kämpften für die Herstellung der Utopie. Aber ihre kollektive Aktion brachte Ergebnisse, die den erklärten Zielen direkt entgegengesetzt waren, Ergebnisse, die gerade die Phänomene wiederherstellten, welche die Utopie überwinden sollte: die Herrschaft des Menschen über den Menschen, die Logik der Macht in ihrer blutleeren oder blutigen Entfaltung. Wie sollte diese Paradoxie gedeutet werden? Wie funktioniert die Heterogenität der Zwecke innerhalb der Geschichte, sodass, wie ohnehin üblich, schon zu Beginn der historischen Aktivität die Richtung des unpersönlichen Faktors von der Richtung der persönlichen Faktoren für sich genommen abweicht? Weshalb – mit anderen Worten – führt uns die kollektive Aktion zu einem Ergebnis, das niemand ihrer individuellen Träger wollte, und wie ist das utopische und allgemein das ideologische Denken begrifflich und psychologisch strukturiert, sodass es jede praktische Falsifizierung überlebt oder jedenfalls verwandelt wird und sich auf ein neues Gebiet begibt, sobald die praktischen Ausweglosigkeiten überdeutlich und unerträglich werden? Welche anthropologischen und kulturellen Faktoren begünstigen oder erzwingen diese Strukturierung und diese Widerstandsfähigkeit des utopischen und des ideologischen Denkens? Es ist leicht zu begreifen, welche Art von Untersuchungen mit der notwendigen Breite zu solchen Fragen führen. Die Mechanismen der Heterogenität der Zwecke werden konkret nur auf der Basis einer breiten Geschichtskenntnis aus erster Hand analysiert, und zwar aufgrund einer soziologischen Bildung, die in der Lage ist, die von ihr erkundete historische Materie zu bewerten. Die Kenntnis der Geschichte als sozialer Geschichte überschneidet sich wiederum mit der Kenntnis der Geschichte der Ideen, die wiederum nicht begreifbar wird, wenn die Geschichte einiger zentraler theoretischer Probleme nicht mitberücksichtigt wird. Also treten wir in das Gebiet der Philosophie ein, in das Gebiet der Theologie oder auch der Kunst als eines sehr sensiblen Seismografen weltanschaulicher Verschiebungen. Die Feststellung der steten Einflussnahme von ideologischen und utopischen Strukturen des Denkens führt zugleich aber zu einer Anschauung des Menschen und der

Zivilisation, die sich um die Frage dreht: Weshalb werden »Sinn« und »Geist« produziert, warum sind die Menschen gezwungen, sich innerhalb der Gesellschaft und innerhalb einer Zivilisation als Wesen mit »Geist« (oder Logik) selbst zu betrachten, das heißt ihre Handlungen unbedingt mit »Sinn« zu verbinden und ihre Kämpfe gegeneinander im Namen dieses Sinns zu führen? Welche besondere Wendung nehmen die menschlichen Handlungen und Beziehungen, wenn dieser Sinn »Wert« genannt wird, und zwar in der moralisch-normativen Bedeutung des Begriffs? Wie wird die wertende Stellungnahme nicht nur mit der praktischen Aktivität, sondern auch mit der Deutung der Welt verwoben? So kehren wir wieder zur Ideengeschichte und Problemgeschichte zurück, zur Anatomie der Weltanschauungen; aber wir kehren auf einer höheren Ebene zurück, auf der verallgemeinernde Aussagen über den Menschen und die menschliche Kultur erforderlich sind, die auch in das theoretische Korpus der sozialen Ontologie integriert sind. Zugleich sind Präzisierungen zu Themen der Methodologie erforderlich, denn die Feststellung der Verwobenheit von Sein und Sollen im Rahmen des geläufigen ideologischen und utopischen Denkens zwingt zur Differenzierung, nämlich zur notwendigen Unterscheidung zwischen Wünschen und Diagnosen im Rahmen einer nüchternen wissenschaftlichen Auffassung der Dinge. Der undifferenzierte und trübe Skeptizismus, der die Erkenntnis für unmöglich und die Werte für relativ hält, ist etwas völlig anderes als die Feststellung der tatsächlichen Funktion der Werte innerhalb von konkreten Situationen und zu Zwecken, die bestimmte Menschen setzen. Die Feststellung der so gedachten Relativität der Werte ist unmöglich ohne umfassende Kenntnis der menschlichen Dinge.

Indem ich auf diese Weise den Weg meines Denkens nachzeichne, möchte ich Ihnen sagen, dass mein Denken immer von zentralen Fragen ausging, welche die Achsen meiner einzelnen Forschungen gewesen sind und es immer bleiben werden. Von der Überschau eines solchen Wegs erwartet der Leser gewöhnlich Erzählungen persönlicher und psychologischer Art. Ich kann nicht wissen, welche Rolle solche Faktoren in der Gestaltung des Denkens anderer Denker gespielt haben, aber allgemein glaube ich nicht, dass man diese Faktoren mit Sicherheit erkennen kann. Und was mich selbst betrifft, versuche ich immer, unbeeinflusst von äußeren Zufälligkeiten und inneren Schwankungen zu bleiben, indem ich den Faden der Logik der Probleme und der empirischen Zeugnisse fest in der Hand behalte. Meine Scheidung von der marxistischen Eschatologie ließ in mir nicht die aggressive Psychologie des Rebellen entstehen, der dämonisiert, weil er nicht mehr erklären kann, sondern sich selbst rechtfertigen möchte. Im Gegenteil fühlte ich von Anfang an, dass meine praktischen und theoretischen Erfahrungen eine wunderbare Materie waren, aufgrund derer ich einen ernsthaften Versuch unternehmen wollte, die soziale Welt zu verstehen. Ich ersetzte also nicht das Heroin des Marxismus durch das Heroin des Liberalismus, des Moralismus oder des Christentums, wie es sehr viele getan haben. Als ich mit diesen Drogen aufhörte, schloss ich damit radikal und endgültig ab. Es versteht sich, dass die lange indirekte und direkte Auseinandersetzung auch mit den besten Marxisten keineswegs die einzige Quelle und der einzige Anlass meiner Fragestellungen war. Meine Bildung war glücklicherweise von Anfang an viel breiter angelegt, aber in dem begrenzten verfügbaren Raum zog ich es vor, die Dinge aus dieser besonders privilegierten und produktiven Sicht zu sehen.

ST: Man hat festgestellt, dass dann, wenn Sie ein Buch aus der deutschen Sprache übersetzten, in der es ursprünglich verfasst war, Sie gewöhnlich ein Nachwort über die griechischen Zustände hinzufügten. Mit anderen Worten, aus einer Frage mit universaler Reichweite gehen Sie zur Untersuchung einer Frage mit lokalem Interesse über. Finden Sie, dass Sie ein Beharren auf neugriechische soziale Probleme kennzeichnet?

PK: Auch diese Ihre Frage bringt mich auf frühere Fragestellungen zurück, die sich zuerst innerhalb von marxistischen Koordinaten gestalteten, bis sie aus diesen heraustraten, als ich die geschichtlichen Entwicklungen und Situationen umfassender sehen konnte. Bekanntlich meinen die kommunistischen Bewegungen, dass sie eine wissenschaftliche »Politik« gestalten und verfolgen, gestützt auf die präzise und historisch fundierte Analyse der sozialen Kräfte und der Klassenzusammenhänge in einem Land. Auch als sie nur ihre Aktionen den Befehlen Moskaus anpassten, bestanden sie auf dieser theoretischen Einkleidung, indem sie diese aber auch den Umständen entsprechend veränderten. Wie auch immer, die Verbindung von politischem Pflichtbewusstsein und sozialhistorischer Analyse war, wenn auch nur als Ritual, zwingend, und dies führte das forschungsliebende Denken automatisch zum genetischen Aufspüren der besonderen Charakteristika der neugriechischen Realität. Hier stieß man a limine auf ein ernstes theoretisches Hindernis, das aber zugleich eine zusätzliche geistige Verlockung war. Ich meine die Entsprechung zwischen der begrifflichen Ausrüstung und dem Forschungsgegenstand. Die Begrifflichkeit der neueren Soziologie (zusammen mit der marxistischen) gestaltete sich im 19. und 20. Jahrhundert als theoretische Kristallisierung von Entwicklungen, die sich in den westeuropäischen Gesellschaften vollzogen. Es war also eine Begrifflichkeit mit einer bestimmten ideologischen Belastung; und außerhalb ihres gegebenen historischen Rahmens konnte sie weder verstanden noch erfolgreich als analytisches Instrument verwendet werden. Zugleich jedoch gibt es keine andere Begrifflichkeit als diese, und – weil jede Analyse, ausgesprochen oder unausgesprochen, eine Begrifflichkeit voraussetzt – deshalb sind auch Soziologen gezwungen, von ihr Gebrauch zu machen, oder auch Historiker, die sich mit etwas unterschiedlichen historischen Formierungen beschäftigen. Gerade die Unkenntnis der historischen Belastung der soziologischen Begrifflichkeit erleichterte deren Übertragung auf unsere Situation, die gewiss oft von einer Modernisierungsabsicht inspiriert war: Die Anwendung der Begrifflichkeit des Originals auf den Fall der noch unvollkommenen Kopie schien zulässig, denn die Angleichung des Ersten an das Zweite wurde nicht nur für wünschenswert, sondern auch für historisch notwendig gehalten. Umgekehrt setzte die Überwindung der spezifischen Elemente des griechischen Falls nicht nur die Entfernung von geradlinigen Darstellungen und von einem Gefühl der historischen Einmaligkeit voraus, sondern auch die wesentliche Kenntnis der westeuropäischen historisch-gesellschaftlichen Gegebenheiten. Denn nur die vergleichende Analyse auf verschiedenen Ebenen ermöglicht die Verfeinerung und die Neuanpassung einer importierten Begrifflichkeit. Das Studium der europäischen Geschichte, der ich einen großen Teil meines Studiums in Deutschland bei bedeutenden deutschen Historikern, wie Werner Conze und Reinhart Koselleck, gewidmet habe, hat mir kontrapunktisch begriffliche und typologische Stützen zum Verständnis der neugriechischen Geschichte geliefert.

Auf diese Weise fand ich einige Antworten auf alte zentrale Fragen bezüglich der sozialen und ideologischen Physiognomie unseres Landes. Und wahrscheinlich hatte ich bislang keine Zeit – und werde wohl auch in Zukunft keine haben –, um sie in dem Maße und mit den notwendigen Belegen auszuführen, wie ich es eigentlich wünschte. Gleichwohl nahm ich die Gelegenheit wahr, diese in der Einleitung zusammenzufassen, die ich für die griechische Edition des Buches *Der Niedergang der bürgerlichen Denk- und Lebensform* schrieb, wobei ich noch teilweise Notizen und Entwürfe aus meiner Studentenzeit in Athen verwendete. Das Thema des Buches bot sich hier zur langfristigen Rückschau und zu typologischen Verallgemeinerungen an, die allerdings bis zur Beurteilung der wichtigsten Veränderungen in der griechischen Gesellschaft in den letzten Jahrzehnten reichten und dabei die Grundlage für einige

Überlegungen hinsichtlich ihrer Perspektiven innerhalb der damaligen europäischen und planetarischen Konstellation lieferten. Jetzt hat natürlich das erste Wort die geopolitische Strategie und die ökonomische Analyse, übrigens gemäß der Thematik der Werke, deren griechische Ausgaben mir den Anlass gaben, in zusammenhängender Form meine Ansichten zu gegenwärtigen griechischen Problemen zu formulieren. In den zwei Nachworten, die ich für *Planetarische Politik nach dem Kalten Krieg* und *Theorie des Krieges* geschrieben habe, versuchte ich, meine Diagnosen innerhalb weiterer – planetarischer, europäischer oder regionaler – Rahmen aufzustellen. Ich versuchte, die Zusammenhänge mit den tieferen bewegenden Kräften aufzuzeigen und einen nüchternen dritten Weg für die Auffassung einer nationalen Strategie zu zeichnen, und zwar über die zwei ideologischen Positionen hinaus, die heute in Griechenland noch mehr oder weniger vorherrschen, indem sie gleichermaßen die bei uns seit alters her beliebte Tischrhetorik sowie die beschönigende und mit theoretischer Schminke ausgestattete Wortschöpferei ernähren. Ich meine damit einerseits die hellenozentristischen Erhebungen und pseudointellektuellen Traditions- und Byzanzverehrungen, die eine größere Resonanz haben. Denn eine Nation, die permanente Beleidigungen erleidet, braucht auch ständig psychische Kompensationen.

Andererseits meine ich die Überzeugung verschiedener »Europa-Fanatiker« am anderen Ufer, der »Modernisierer« und »Rationalisten«, die behaupten, der »zivilisierte Westen« werde durch die Umsetzung seines geistigen Erbes in die Praxis und durch die weltweite Verbreitung dieses Erbes im Zuge der Globalisierungsprozesse der Wirtschaft und durch den Respekt vor den »Menschenrechten« zu einem menschlichen und friedlichen 21. Jahrhundert beitragen. Die einen befürworten den Export griechischen Geistes, die anderen kämpfen um den Import des europäischen Ethos. Aber weder die einen noch die anderen scheinen – und hier bleibt Provinzialismus eine echt griechische Sache – eine klare Auffassung davon zu haben, welche Prägung die heutige planetarische Welt hat und welche Kräfte diese langfristig gestalten.

Bislang sprach ich von meiner Beschäftigung mit den griechischen Zuständen, wie man über seine Beschäftigung mit einem theoretisch interessanten Fall wegen seiner Eigentümlichkeit spricht. Und wirklich, da mein Denken nicht ruhen kann, bevor es auf seine eigenen Fragen eine Antwort findet, auch wenn seit der Fragestellung längere Zeit verstrichen ist, und wie viele geistige Irrwege auch immer sich seitdem eingeschlichen haben, war und ist das rein theoretische Interesse ein substanzieller Beweggrund für mein Beharren, wie Sie es zu Recht nennen. Aber ich werde nicht bezweifeln oder mir selbst verbergen, dass mich an Griechenland jene existenziellen Bindungen fesseln, die auch der allzu kühne Kosmopolit kennt, wenn er über genügend Selbsterkenntnis verfügt und ernsthaft die Faktoren reflektiert, die ihn geprägt haben. Der Kosmopolitismus ist mir nicht fremd, und ich hatte die Gelegenheit, ihn ausgiebiger zu praktizieren als sehr viele unter uns, die ihn zwar theoretisch predigen, wenn sie den Nationalismus jeder Art verurteilen. Aber die objektiv existierende Bindung an Griechenland blieb subjektiv immer in der Form eines existenziellen und nicht nur theoretischen Interesses wirksam. Da ich in relativ reifem Alter aus Griechenland wegging und einige Jahre bewussten Lebens und wichtiger Erfahrungen hinter mir hatte, war es nie nötig, mich im Ausland durch unangemessene Idealisierungen zu trösten oder an leeren Sehnsüchten zu erkranken – ja, nicht einmal mich nach Dingen zu sehnen, die in den Fünfziger- und Sechzigerjahren noch intakt und echt waren. Deshalb ist mein existenzielles Interesse für dieses Land nicht mit positiven Vorurteilen verbunden. Es ist aber ein permanenter Grund für die Konzentration meiner Aufmerksamkeit in positiver und konstruktiver Absicht, genug, um sich in konkreten Vorschlägen und Taten auszuwirken.

ST: Wenn man Ihre Arbeiten liest, stellt man fest, dass Ihr Interesse auf die europäische Moderne konzentriert ist, dass Sie systematisch die europäische Kultur der Neuzeit erforschen. Was bedeutet für Sie die europäische Zivilisation, und in welche Richtung bewegt sie sich?

PK: Die berühmte Aussage Hegels, wonach die Eule, der Vogel des Wissens und der Weisheit, in der Dämmerung fliege, kommt jedem in den Sinn, der die europäische Neuzeit überschauen möchte. Die gesamte Übersicht wird jetzt möglich, weil gerade die europäische Neuzeit in die historische Dämmerungsphase eingetreten ist und ihren Kreis schließt, aufgezehrt vom planetarischen Zeitalter, das sie mit den großen geografischen Entdeckungen des 15. und 16. Jahrhunderts eingeleitet hat. Da wir ein vollendetes Ereignis und einen geschlossenen Kreis vor Augen haben, können wir aus privilegierter Lage die spezifischen Merkmale dieser Epoche beziehungsweise Zivilisation beurteilen, deren objektive – also jenseits jeder ethisch gefärbten Bewertung liegende – herausragende Bedeutung darin liegt, dass sie diejenigen Triebkräfte entfesselte, welche die Vereinheitlichung des Planeten in einem bis dahin unvorstellbaren Grad vorantrieben. Die planetarische Geschichte verschlingt ihre Urheberin, nämlich die europäische Geschichte. Auch dies ist eines der berühmten Beispiele für die Heterogenität der Zwecke, von der wir vorhin sprachen.

In vier ausführlichen Arbeiten (*Die Aufklärung, Konservativismus, Die Metaphysikkritik der Neuzeit, Der Niedergang der bürgerlichen Denk- und Lebensform*) versuchte ich, die vom neuzeitlichen Rationalismus gebildeten weltanschaulichen Achsen zu lokalisieren, die der europäischen Neuzeit ihre spezifische Einheit verleihen, und ich versuchte es auf eine solche Weise, die auch die heutigen planetarischen Entwicklungen verständlich macht. In diesen vier Arbeiten wird das ganze Zeitalter aus jeweils unterschiedlicher Perspektive dargestellt, während Ideengeschichte, aber auch Gesellschaftsgeschichte, als Problemgeschichte strukturiert ist, was es der Analyse erlaubt, auf mehreren Ebenen zugleich zu operieren, um deren Einheit wiederherzustellen. In Anbetracht dessen, dass am Ende des 20. Jahrhunderts die menschliche Herrschaft über die Natur nicht haltmacht, auch nicht vor der Manipulation des Erbmaterials, ist der Eindruck berechtigt, die europäische Neuzeit bedeute vor allem eine radikale Neupositionierung des Menschen gegenüber seiner natürlichen Umwelt, eine Historisierung dieser Umwelt im Sinne eines voranschreitenden Verwebtseins mit der Aktivität des Menschen in der Geschichte. Aber diese allgemeine Beurteilung geht nicht über die Grenzen der Unbestimmtheit oder der

Gemeinplätze hinaus, solange nicht die besonderen Formen der vorgenannten Neupositionierung in vielfältigen Bereichen untersucht werden und solange nicht die strukturelle Parallelität und der innere Zusammenhang dieser Bereiche herausgearbeitet werden. Indem die Analyse mit Abstraktionen und Klassifizierungen operieren muss, etabliert sie gewöhnlich Hierarchien zwischen den verschiedenen Bereichen. Aber in Wirklichkeit wird die historische Bewegung in allen Bereichen gleichzeitig vollzogen, während die vorantreibenden Kräfte mal aus dem einen, mal aus dem anderen Bereich kommen. Der Primat der *vita activa* gegenüber der *vita speculativa*, des praktischen gegenüber dem theoretischen Leben, der durch die erneute Vorherrschaft der von alters her harten Arbeit gegenüber der von alters her edlen Muße die Neupositionierung gegenüber der Natur konkretisierte, reichte sowohl in die Kosmologie als auch in die Politik hinein, um die christlichen Prinzipien und Auffassungen von Grund auf umzuwälzen. Und diese Umwälzung wurde bewusst und mit ausdrücklich polemischer Absicht vollzogen. In der Kosmologie also bedeutet dieser Primat die Vorherrschaft der Bewegung gegenüber der Ruhe, also die Ersetzung der geschlossenen hierarchisierten Welt durch ein offenes, flaches Universum. Und in der Politik bedeutete er, dass die Menschen nicht schicksalhaft an eine göttlich oder natürlich gegebene hierarchische Ordnung gebunden sind, sondern eine ebenso offene und flache Gemeinschaft bilden können wie das neue Universum. Das Durchsetzungsmittel der neuen Anschauung war ursprünglich der moderne souveräne Staat mit seiner allgemeinen und egalitären Gesetzgebung, später war es das große Projekt der Utopie. Aber Staat, Utopie, Primat des aktiven Lebens und technische Auffassung der Dinge sind eng miteinander verwoben. In der Politik oder der sozialen Praxis im Allgemeinen zeichnet sich ebenfalls die totale Umkehrung der christlichen Ordnungsprinzipien ab: Die Techne ist auch hier der Natur weit überlegen, indem sie auch an diesem Punkt die christlichen Prinzipien und die christliche Ordnung umstößt.

Allerdings war die Entwicklung auf keine Weise so einheitlich und geradlinig, wie es aufgrund dieses Schemas erschlossen werden könnte. Denn die Neuzeit hatte ursprünglich auch andere Seiten, sogar tief widersprüchliche. Gegen die antik-christliche Auffassung von der ontologischen Minderwertigkeit der sinnlichen Welt gegenüber der Sphäre des transzendenten Geistes hat die Neuzeit ontologisch die materielle Natur neu aufgewertet, indem sie ihr die Merkmale verlieh, die in der entgegengesetzten Auffassung der Geist innehatte: eine logische und vernunftmäßig erfassbare Strukturierung, nämlich Gesetzmäßigkeit. Gegenüber der gesetzmäßigen Natur konnte der Mensch sich wie ein Gott verhalten (und in diesem Sinn vertreibt die Anthropologie die Theologie von der Spitze der theoretischen Interessen), der Mensch konnte nämlich die Natur dank der Kenntnis ihrer Gesetze als ein Techniker behandeln, inspiriert vom Primat des aktiven Lebens. Aber zugleich war derselbe Mensch als natürliches Wesen der natürlichen Gesetzmäßigkeit untergeordnet und konnte nicht von ihr ausgeschlossen werden, ohne dass die ganze ontologische Aufwertung der Natur gefährdet würde, welche die Neuzeit dringend benötigte, sowohl weltanschaulich als auch praktisch-technisch. Von einem Menschen, der völlig der natürlichen Gesetzmäßigkeit untergeordnet ist, kann aber kein freier Wille oder moralisches Handeln *stricto sensu* erwartet werden. Die Neuzeit entwickelt verschiedene argumentative Strategien, um den Widerspruch zwischen kausaler und normativer Auffassung zu überwinden, der sie seit dem 16. Jahrhundert beschäftigt und gerade im Zeitalter der Aufklärung in die Höhe getrieben wird, mit dem Ergebnis, dass extreme nihilistische Tendenzen hervortreten. Die Krise der Werte verschärft sich gerade in dem Maß, in dem sich aufgrund der erwähnten weltanschaulichen Verschiebungen die Herrschaft über die Natur ausweitet.

Durch den Übergang vom Liberalismus des 19. Jahrhunderts zur Massendemokratie des 20. Jahrhunderts sind die westlichen Gesellschaften diesem Schwanken auf folgende Weise ausgewichen: Die Massendemokratie stützt sich auf zwei Eckpfeiler, die Massenproduktion und den Massenkonsum, das heißt, die Ausbeutung der Natur erreicht jene Intensität, die zum ersten Mal in der Geschichte den Sprung über die Schwelle der Güterknappheit ermöglicht, was diese Gesellschaftsformation zu einem geschichtlichen Novum macht. Der Güterüberschuss entschärft das Problem der Umverteilung in seinem früheren elementaren Sinn und bedingt eine weitgehende Lockerung der Werte der asketischen Moral. Der aus diesem Prozess entstehende Pluralismus der Werte begünstigt sogar eine psychologische Einstellung, die den Massenkonsum unmittelbar fördert. Die Vielfalt der Werte ist das strukturelle Äquivalent des Güterüberschusses; also wird der Güterverbrauch zum Wert, und die Werte werden zu Verbrauchsgütern. Allerdings bedeutet ein solcher Ausgang der europäischen Neuzeit keineswegs die Herstellung eines endgültigen Gleichgewichts. In dem Maße, wie die Massendemokratie zum planetarischen Organisationsmodell avanciert, und zwar unter den äußerst prekären Umständen der demografischen und ökologischen Belastung, vergrößert und verschärft sich das Problem der Umverteilung; es wird zum Politikum ersten Ranges. Die Etablierung der Massendemokratie im Weltganzen (als Weltgesellschaft) geht natürlich mit der Erweiterung des Wertepluralismus einher. Die Eindämmung des wachsenden Umverteilungsproblems verlangt aber eine Einschränkung des Pluralismus (der Permissivität), was den erneuten Zugriff auf das ideologische Arsenal des ethischen Universalismus voraussetzt. Den globalen Pluralismus garantiert nur der globale Wohlstand (der Pluralismus ist die Ideologie des gesättigten Wohlstands: Der Hungrige respektiert nicht die Werte des Satten), aber dieser ist höchst unsicher. Das 21. Jahrhundert wird zum Jahrhundert der Konflikte zwischen planetarischen Titanen und Riesen.

Sei es, dass der weltweite Pluralismus die europäischen Werte verzehrt, sei es, dass ein neuer Mangel an Gütern den Pluralismus beseitigt: Die europäische Neuzeit gehört der Vergangenheit an. Etwas anderes war das liberale und europäische Zeitalter, und etwas anderes ist das massendemokratische und planetarische Zeitalter. Einige meinen, dass die planetarische Verbreitung der westlichen Technik die Durchsetzung von westlichen Werten und Lebenshaltungen herbeiführen wird. Aber die zeitgenössische Technik ist weltanschaulich farblos und, wenn sie eines Tages zu einem gemeinsamen Nenner geworden ist, wie es früher der Pflug war, werden wir sie – wir sehen das jetzt schon – mit den verschiedenartigsten weltanschaulichen Haltungen und Werte-Haltungen kombiniert sehen. Andere wiederum meinen, dass das ursprüngliche humanistische Projekt der europäischen Neuzeit noch unvollständig ist und heute noch auf planetarischer Ebene vervollständigt werden kann, bereinigt von den Fehlern oder den Überheblichkeiten der (kolonialen) Vergangenheit. Sie erinnern mich an die gebildeten Heiden des 3. und 4. Jahrhunderts nach Christus, die meinten, dass sie das Heidentum als lebensfähige ideologische Grundlage einer radikal sich veränderten Welt verwenden könnten, nachdem sie es von seinen Kinderkrankheiten und Naivitäten befreit hätten.

ST: Ihr Ausgangspunkt waren Ihre philologischen Studien in Griechenland. Später haben Sie einen Text mit dem Titel (und Thema) *Marx und die griechische Antike* verfasst. Wie ist Ihr Verhältnis zur antiken griechischen Kultur? Oder, um es anders zu formulieren, wie sehen Sie heute das antike Griechenland und seine Kultur?

PK: Ich halte die Vertiefung in die klassische Literatur für ein großes Glück meiner geistigen Ausbildung. Diese Vertiefung begann in den ersten Pubertätsjahren und wurde fast zu einer Manie, die mit unterschiedlicher Intensität und in Intervallen bis heute andauert. In einem Scherz habe ich meinen Freunden gestanden, ich müsse das Schreiben nicht zu meinem Beruf machen, da mich das Lesen so befriedige. Und ich erinnere mich mit Neid an Lord Henry im Roman *Das Bildnis des Dorian Gray*, der sagt, das Lesen gefalle ihm so, dass er keine Lust habe, selber Bücher zu schreiben. Wenn ich mir vorstelle, mich von allen Qualen des Schreibens befreien zu können, und wenn ich meine Zeit dem Lesegenuss widmen könnte, denke ich zuerst immer an die klassische Literatur, die griechische und lateinische in ihrer ganzen Breite. Sobald der Leser diese klassische Literatur selbst kennt, braucht man die Gründe dafür nicht zu erklären – kennt er sie nicht, dann ist eine Erklärung zwecklos. Allerdings möchte ich zumindest allgemein auf ihre Frage antworten, indem ich einige Punkte von besonderer persönlicher Bedeutung hervorhebe.

Zuallererst bedeutet die Vertrautheit mit der altgriechischen und der lateinischen Sprache als syntaktischen und grammatischen Systemen und als entsprechend organisierten Ausdrucksmöglichkeiten für mich die große und disziplinierte Einweihung in das Phänomen »Sprache« allgemein, und zwar durch eine ganz privilegierte Annäherungsweise. Sprachen, in denen die Bedeutungskonturen der Wörter und Sätze nicht verwischt werden von –

fruchtbaren oder unfruchtbaren – Nebulositäten des neueren Subjektivismus, ähneln zyklopischen Mauern, die mit Feldsteinen und mit sichtbaren Fugen und standfesten Stützen aufgeführt sind, mit stabilen Entsprechungen zwischen dem Bezeichnenden und dem Bezeichneten im Zurechtmeißeln der Sprache und dem genauen Ausrichten der Reflexion. Die Präzision und Schlichtheit sind hier keine von außen gestellten Forderungen, sondern ein Produkt und Kriterium der inneren Tiefe. Ich habe viele neuere Schriftsteller geliebt, die diesem Ideal stilistisch entgegengesetzt sind. Wenn ich aber selber schreiben muss, kann ich nur meinen eigenen stilistischen Neigungen folgen, um mein eigenes Denken in die angemessenen Kanäle einzugießen. Und gerade die Strukturierung meines Denkens führt mich in die Nähe des transparenten und möglichst schlichten Stils, und zwar weil dann, wenn es sich um theoretische Texte handelt, die geistige Ehrlichkeit es verbietet, Mängel des Denkens mit Verblümungen und lexikalischen Seiltänzen zu überdecken. Insbesondere bietet die Sprache, in der ich ursprünglich meine Bücher schreibe, dem Kenner der klassischen Sprachen außerordentliche Vorteile: Die deutsche Sprache enthält weit mehr als andere Sprachen die syntaktischen Strukturen und lexikalischen Modi der altgriechischen und der lateinischen Sprache. Insbesondere die fast unbeschränkten Möglichkeiten der Verbindung von Haupt- und Nebensätzen innerhalb längerer Satzperioden erlauben die präzise Formulierung mehrschichtiger Gedanken, wo in der syntaktischen Verbindung reliefartig die Verknüpfung und das Gewebe der Beziehungen zwischen den verschiedenen Dimensionen des Sinns ausgedrückt werden. In keiner anderen der mir bekannten Sprachen kann zum Beispiel so gut der Stil des Thukydides wiedergegeben werden. Meinen deutschen Lesern, die mich fragen, wie ich zwanglos und sogar mit Ansprüchen eines persönlichen Stils in einer fremden Sprache schreiben könne, antworte ich, dies sei größtenteils auf meine Vertrautheit mit den klassischen Sprachen zurückzuführen. Diejenigen, die sie beherrschen, verstehen leicht, was ich meine.

Über die Sprache hinaus, aber nicht unabhängig davon, sind ein Gedanke oder ein Zeitalter in der Geistesgeschichte klassisch, wenn sie mit unverwechselbarer Begrifflichkeit ständig wiederkehrende Fragen formulieren, nämlich Fragen, auf die jede tiefere Reflexion aus innerer Notwendigkeit stößt – kurz gesagt, die letzten Fragen. Wie ist es aber möglich, dass etwas, was zu einer bestimmten Zeit und an einem bestimmten Ort gedacht und geäußert worden ist, zeitlosen klassischen Wert besitzt? So wie es allgemein an der menschlichen Beschaffenheit liegt, dass bestimmte Größen trotz ihres jeweils unterschiedlichen gesellschaftlich-historischen Einsatzes immer wieder verwendet werden, so dreht sich das menschliche Denken um bestimmte grundlegende Größen, deren Grundkombinationen zahlenmäßig beschränkt sind, und dementsprechend sind auch die letzten Antworten beschränkt. Im antiken Griechenland ereignete sich in der Tat etwas Erstaunliches: In relativ kurzer Zeit und aus den inneren Notwendigkeiten der Reflexionsbewegung heraus wurden diese letzten Antworten entdeckt und zusammengefasst. Wer zum Beispiel aufmerksam und in allen ihren Aspekten die Auseinandersetzung zwischen den Sophisten und Platon studiert, wird feststellen, dass hier auf eine unerreichte Weise das zusammengefasst wurde, was seitdem das westliche Denken – und nicht nur dieses – quält und zugleich unterschiedliche Zwischenlösungen hervorbringt: Das Dilemma »Metaphysik oder Nihilismus«, in dem die ethische Dimension der Problematik bewusst mit der erkenntnistheoretischen oder der kosmologischen Dimension zusammengebracht ist. Das hat sich nicht geändert und kann sich nicht ändern, denn hier dominieren die konstanten Größen, über die wir gerade sprachen. Hat nicht Thukydides auf begrifflich ausreichende Weise einige Konstanten des politischen Verhaltens und der internationalen Beziehungen sichtbar gemacht, sodass er heute (außerhalb Griechenlands selbstverständlich) zur Pflichtlektüre derer gehört, die sich wesentlich mit solchen Fragen beschäftigen? Hier muss ich vielleicht einem Missverständnis vorbeugen; es ist nämlich so, dass das Klassische sich nicht im antiken Griechischen erschöpft, wie die Antike-Schwärmer der alten humanistischen Schule meinten. Die neuere Philosophie, Soziologie, Historiografie und Literatur haben ebenfalls ihre Klassiker in dem Sinne, in dem wir vorhin den Begriff definiert haben. Die Beschäftigung mit den antiken Klassikern darf nicht bloß keinerlei Hindernis für die Aneignung der Neueren darstellen, sondern sie hat ein entgegengesetztes Ergebnis: Sie stärkt den Geist im Unbehagen gegenüber den jeweiligen Moden und lehrt, wie man seine Bildung auf breite und stabile Grundlagen stellt. Viele Menschen verlieren ihre Orientierung, wenn sie sich fast existenziell einer geistigen Mode hingegeben haben, und sobald diese vorbei ist, verengt sich ihr Horizont, weil sie in ihrem Leben immer der Mode hinterhergelaufen sind. Ich empfehle den Jüngeren wärmstens, wenn sie sich um die ernsthafte Systematisierung ihrer geistigen Interessen kümmern, diese ausgehend von den antiken und neueren Klassikern zu betreiben. So werden sie sowohl Zeit sparen, indem sie direkt zum Kern der Probleme vordringen, und sie werden die geistige Verelendung vermeiden, die jeder erleidet, wenn er breitere Zusammenhänge und lange Vorgeschichten ignoriert und nur die jeweils vorbeiziehenden Sternschnuppen begafft.

In dem Maße, in dem ich die Mechanismen des ideologischen und utopischen Denkens besser verstand, brachte mir die klassische Antike noch eines ihrer Merkmale näher: das Fehlen der Eschatologie und die Abwesenheit geradliniger Auffassungen des historischen Geschehens, die bekanntlich eine jüdisch-christliche Herkunft haben und sowohl durch den sozialistischen Marxismus als auch durch den kapitalistischen Liberalismus säkularisiert worden sind. Um die Hysterie vor dem endgültigen und unwiderruflichen Tod zu vermeiden, wurde die Hysterie der Eschatologie weltanschaulich legitimiert. Wer ohne ausdrückliche oder verdeckte Eschatologien und ohne Moralismen als deren Surrogate zu leben lernt, muss auch vollkommen und unwiderruflich mit Frieden und Heiterkeit in der Seele sterben lernen. Wenn man irgendwo diese höchste Lektion lernen kann, dann ist es in der klassischen Antike, welche die Geradlinigkeit mit einem guten Ende ignorierte, um sich der Anschauung und dem Erleben des ewigen Kreises hinzugeben.

ST: Von Ihren Arbeiten ausgehend, die ich kenne, würde ich Sie als einen Historiker der Ideengeschichte und einen Forscher des menschlichen

Verhaltens bezeichnen. Meine Frage ist, ob sich hinter dem Historiker ein Philosoph versteckt und, im Fall einer bejahenden Antwort, was der Kern ihrer Philosophie ist.

PK: Erlauben Sie mir zunächst zu dem »Historiker der Ideengeschichte« auch den Sozialhistoriker hinzuzufügen. Nicht, weil ich einen Titel zu verlieren fürchte, sondern weil die Ideengeschichte mir unvermittelt und zusätzlich unverständlich hinsichtlich ihres Inhalts und ihrer Wendungen erscheint, wenn sie keine historisch und soziologisch klare Auffassung ihrer bestimmten und subjektiven Träger innerhalb bestimmter objektiver Zustände hat. Was ich darunter verstehe, habe ich in Arbeiten wie denjenigen über den *Konservativismus* und den *Niedergang der bürgerlichen Denk- und Lebensform* gezeigt. Aber, wie ich auf eine vorige Frage geantwortet habe, die historische und soziologisch fundierte Ideengeschichte ist nicht vollständig, wenn sie nicht in die Geschichte der theoretischen Probleme eindringt, wenn sie also nicht der Gestaltung der Ideen unter dem Druck ihrer jeweiligen inneren Logik nachspürt. Eine Heterogenität der Zwecke gibt es nicht nur innerhalb der Geschichte allgemein, sondern auch innerhalb der Geschichte der Ideen. Selten ist ein Denker in der Lage, wenn er eine Überlegung formuliert hat, alle ihre logischen Konsequenzen zu erfassen, die sich allmählich offenbaren, wenn diese Überlegung von anderen Subjekten unter anderen Umständen angewandt wird. Die Untersuchung der inneren Logik der Ideen, die Untersuchung ihrer Kohärenz und ihrer letzten Voraussetzungen, führt uns in den Bereich der Theorie und der theoretischen Verallgemeinerungen, sodass für denjenigen, der in der Lage ist, die Sachen auf allen Ebenen zugleich zu überschauen, weder eine Kluft noch ein Widerspruch zwischen der Ideengeschichte und der Theorie erscheint. Ob und warum die Theorie jetzt »Philosophie« genannt werden muss oder nicht, weiß ich nicht, und es interessiert mich auch nicht. Die Bezeichnungen sind mir gleichgültig, weil deren Unschärfe und Mehrdeutigkeit darauf zurückzuführen sind, dass viele Seiten zugleich für sich das Monopol der »echten« Philosophie beanspruchen und so weiter. Meine Sorge ist nicht die Teilnahme an solchen Streitigkeiten, die seit 25 Jahrhunderten unfruchtbar geblieben sind, sondern die Vertiefung in viele Teilgebiete mit dem Ziel, sozioontologische, soziologische und historische Verallgemeinerungen zu formulieren, die eine empirische Verifizierung oder Falsifizierung erlauben. Lassen Sie mich daran erinnern, dass die Philosophie der Neuzeit ihre Problematik nicht selbst schuf, sondern diese von außen bekam, indem sie direkt oder indirekt, in genügender oder nicht genügender Weise, die radikalen Entwicklungen in den Wissenschaften verfolgte, anfänglich vor allem die Entwicklungen in der Physik und Mathematik und später in den sozialanthropologischen Wissenschaften. Die erkenntnistheoretisch ausgerichtete Philosophie des Subjekts im 17. und 18. Jahrhundert wurde als ein Versuch zur Beantwortung der Fragen konstituiert, welche die damalige mathematische Physik stellte (nämlich die Unterscheidung zwischen den primären und sekundären Qualitäten, Kausalität, Substanz). Die sozialen und anthropologischen Wissenschaften, die sich im 18. Jahrhundert zu fundieren begannen und sich im 19. Jahrhundert entfalteten, zwangen die Philosophie dazu, sich immer mehr der Problematik der intersubjektiven Beziehungen zuzuwenden, während sie zugleich ihren uralten Lebensmythos für immer zerstörten: den Mythos der Autonomie des Geistes. Ich sehe nicht, wie jemand heute zu wertvollen Verallgemeinerungen ohne eine breite empirische Bildung voranschreiten kann, ohne eine intensive Beschäftigung mit den sozialen Wissenschaften. Die Distanz der Berufsphilosophen zu einer solchen Bildung und Beschäftigung macht sie bekanntlich oft zu pittoresken Erscheinungen.

Nun gibt es verschiedene Ebenen der Verallgemeinerung, und wenn Sie mich als einen Philosophen bezeichnen und darunter verstehen, dass bestimmte meiner Analysen sich auf der möglichst breiten, verallgemeinernden Ebene bewegen, dann muss ich die Bezeichnung akzeptieren – natürlich nur im konventionellen Sinn. Wenn es um menschliche Dinge geht, ist diese breitere Ebene die soziale Ontologie, die, so wie ich es sehe, erstens aus einer Theorie über das Spektrum der Mechanismen der gesellschaftlichen zwischenmenschlichen Beziehungen besteht sowie zweitens aus einer Theorie über jene besonderen (politischen) Beziehungen, welche die Gesellschaft als überpersönliche Ganzheit ausmachen und zusammenhalten, und drittens schließlich aus einer Anthropologie und Philosophie der Zivilisation, die für die menschliche Natur charakteristisch ist. Offensichtlich sind Gegenstand der sozialen Ontologie nicht gegebene Wesenheiten, die in gewisser Weise hinter den historischen oder sozialen Phänomenen existieren, indem sie diese steuern und sie irgendwelchen Gesetzmäßigkeiten unterordnen. Gegenstand der sozialen Ontologie sind vielmehr jene Faktoren oder Kräfte, die das Leben der in Gesellschaft lebenden Menschen in steter Bewegung halten und gerade deshalb die Herrschaft jeder einzelnen »Gesetzmäßigkeit« und jeder einzelnen Kausalität relativieren und vergänglich machen. Mit anderen Worten: Die soziale Ontologie liefert kein höchstes pragmatisches oder normatives Kriterium zur Beobachtung der menschlichen

Gesellschaft und Geschichte, sondern sie liefert jene fundamentale Analyse, aus der hervorgeht, warum die Erkundung eines solchen Kriteriums unmöglich ist. Sie beschreibt Gebiete und Rahmen, innerhalb derer sich alle Elemente bewegen, die ihren Gegenstand bilden, aber sie kann nicht im Voraus bestimmen, in welche Richtung und auf welche Weise sie sich bewegen werden. Gerade dies verleiht ihr mehr Verallgemeinerungsvermögen als den sozialen Wissenschaften, die nach Typologien und Kausalitäten suchen. Lassen Sie mich dies auch mit einem, wenn auch groben, Beispiel erklären. Die soziale Ontologie stellt fest, dass der Mensch als Freund sich für andere Menschen aufopfern oder wiederum Menschen als seine Feinde töten kann; und Aufgabe der sozialen Ontologie ist es, eine solche Plastizität, die die Bewegung zwischen radikal entgegengesetzten Polen ermöglicht, verständlich zu machen. Die Arbeit der Soziologie ist es herauszufinden, unter welchen Umständen eher das eine oder eher das andere geschieht, wann zum Beispiel Frieden zwischen den Menschen zu erwarten ist und wann eher Krieg, während es die Aufgabe der Historiker ist, die Gründe zu erkunden, auf die der eine oder andere bestimmte Frieden und der eine oder andere bestimmte Krieg zurückzuführen sind.

Ich kann hier nicht auf die komplexen epistemologischen Probleme der Fundierung dieser verschiedenen Wissenszweige eingehen. Ich tue es im ersten Band des Werkes, das ich jetzt schreibe. Ich hoffe jedoch, dass der von der Sache her notwendige Zusammenhang zwischen den theoretischen Verallgemeinerungen und der soziologischen und historischen Analyse ungefähr verständlich geworden ist – so wie auch die Struktur dieser Verallgemeinerungen. Ich möchte mit der These nicht die Paradoxie aufstellen, die beste theoretische Verallgemeinerung sei diejenige, die aufgrund ihrer eigenen Voraussetzungen auf die empirische Forschung und auf die Analyse bestimmter Fälle als den allerletzten Richter verweist. Die innere Logik des Verstehens bestimmter Fälle innerhalb des automatischen und unaufhaltsamen Vorsprungs dieser Logik erfordert zugleich aber auch eine Einordnung dieser Fälle in stets breitere Zusammenhänge, bis wir auf die Ebene aller Ebenen gelangen, nämlich zu dem, was wir – mangels eines besseren Begriffs – die »menschlichen Dinge« nennen. Wie ich andeutete, muss die soziale Ontologie nicht nur mit den sozialen Wissenschaften eng kooperieren, sondern auch selbst mehrdimensional sein. Die Anschauung der menschlichen Dinge ist tatsächlich eine mehrdimensionale und multiperspektivische Angelegenheit. Wenn ich also der dogmatischen Versuchung nachgeben würde und dem Zauber der Epigramme, indem ich direkt auf Ihre Frage zu antworten suchte und in einem Satz den »Kern meiner Philosophie« zusammenfassen wollte, dann würde ich gezwungenermaßen Termini verwenden, die diese Mehrdimensionalität und Multiperspektivität zu erfassen in der Lage wären. Aber solche Termini wären in ihrer Allgemeinheit mehrdeutig. Wenn die absolut kondensierte und zugleich klare Zusammenfassung möglich wäre, dann hätte ich, glauben Sie mir, einige Tausende – nicht geschwätzige, wie ich meine – Seiten nicht schreiben müssen. Mein Denken, wie jedes Denken, hat eine Quintessenz, aber diese muss der interessierte Leser aus der Gesamtheit meines Werkes herausdestillieren. Sonst wird jede Schematisierung nicht bloß unverständlich, sondern auch der Missdeutung ausgeliefert. Ich möchte Ihnen trotzdem etwas sagen, was mir wesentlich erscheint, indem ich von der Formulierung Ihrer Frage ausgehe. Der Philosoph, der sich hinter dem Historiker verbirgt, sagt – und dies ist sein letztes Wort: Denke historisch, die Antworten auf die historischen Fragen sind nicht in der konstruierten Theorie enthalten, sondern umgekehrt sind die Antworten auf die theoretischen Fragen innerhalb der Geschichte zu suchen. Diejenigen, die die Theorie statt der Geschichte wählen, tun dies, nicht weil sie sich auf höheren Ebenen bewegen, wie sie selbst oft meinen, sondern aus geistiger Faulheit. Denn jede Theorie ist unendlich einfacher als jede historische Situation.

ST: Außer Ihrem immensen schriftstellerischen Werk ist ebenso Ihre gleichfalls immense übersetzerische und Herausgeberarbeit bekannt – Herausgeberarbeit nicht im unternehmerischen Sinne, sondern als Leiter spezieller Reihen von Werken der Philosophie, Soziologie, Anthropologie und allgemein der Ideengeschichte. Welche Bedeutung messen Sie diesen Aktivitäten bei?

PK: Ich sprach vorhin von meinen existenziellen Bindungen an Griechenland und von einem existenziellen Interesse, das sich in Handlungen ausprägen musste. Ich meine nicht die Handlungen des Amateurs und des Vielbeschäftigten, auch nicht solche, die an das ohnehin selbstverständliche eigene Interesse gebunden sind, sondern Handlungen, die ein Angebot aufgrund dessen darstellen, was jemand zu tun in der Lage ist, und zwar in Bereichen, die er kennt. Ich war sehr früh zu dem Schluss gelangt, dass das geistige Leben und die allgemeine Bildung in Griechenland an grundsätzlichen infrastrukturellen Mängeln leiden und der tiefe Provinzialismus nicht überwunden würde ohne ernsthafte Arbeit an der Infrastruktur. Gewiss wird eine solche Arbeit nur dann essenzielle gesellschaftliche Perspektiven eröffnen, wenn ihre natürlichen Wiegen gehegt und gepflegt werden, und dies sind vor allem die Universitäten. Dies geschieht nicht, und ich glaube auch nicht, dass es in Zukunft geschehen wird. Dies ist aber kein Grund, dass nicht doch jeder in seiner Position das tut, was er kann. Nur wer nicht backen will, siebt unendlich. Obwohl die Belastung meiner übrigen Arbeit es fast ausschließt, übernahm ich aufgrund der Unterstützung uneigennütziger und nobler Verleger die Leitung und Aufsicht über zwei derartige Unterfangen. Das erste heißt »Philosophische und politische Bibliothek« (Verlag Gnosis), es begann schon 1983 und wird in Kürze vollständig, wenn die Reihe genau sechzig Bände erreicht hat. Über fünfzehn Jahre hinweg wurden lückenlos jährlich vier Bände herausgegeben. Es wurden Schriftsteller-Koryphäen und herausragende Werke der Philosophie, der Soziologie und der politischen Theorie vorgestellt. Denn das Editionsprogramm hatte den Ehrgeiz, die Idee der Einheit der philosophischen und sozialpolitischen Reflexion zu betonen, und zwar in einer Zeit, in der die traditionellen systematischen Unterscheidungen problematisch und unfruchtbar geworden sind, dort nämlich, wo die Historizität der philosophischen Probleme wie auch die philosophische Bedeutung einer Vertiefung in die historische Aktivität der Menschen allgemein bewusst geworden sind. Ich habe alles getan, damit klassische Werke übersetzt werden, die bis dahin in Griechenland unveröffentlicht waren: Wir haben inzwischen auf Griechisch den *Leviathan* von Hobbes, die *Zweite*

Abhandlung von Locke und *Vom Geist der Gesetze* von Montesquieu. Zugleich wurde den Ergebnissen der neuzeitlichen griechischen theoretischen Produktion Bedeutung beigemessen, ebenfalls mit wichtigen geistigen Errungenschaften: Zwei Bände sind der neugriechischen Philosophie in der osmanischen Besetzungszeit (1453–1821) gewidmet, noch zwei weitere ihrer Fortsetzung in dem befreiten griechischen Staat (1828–1922), während fünf Bände das sozialistische Denken in unserem Land von 1875 bis 1974 umfassen. Das zweite Unterfangen unter dem allgemeinen Titel *Die neuere europäische Zivilisation* im Verlag Nefeli begann im Jahr 1997 und wird im Jahr 2000 vollständig, wenn zwölf Bände erschienen sein werden. Hier ist das Ziel, eine synthesenbildende Präsentation der westlichen Zivilisation von der Renaissance bis heute zusammenzustellen. Die technische Revolution, die Veränderungen in den Sitten und Mentalitäten, die Formen sozialer und wirtschaftlicher Organisation, die Beziehungen der westlichen Zivilisation zu den übrigen Zivilisationen, die Kunst und die Literatur stellen die wichtigen Seiten dieses Panoramas dar. Es ist nicht nötig, zu erklären, warum gerade heute die enorme erkenntnistheoretische und bibliografische Kluft hinsichtlich solcher Themen in Griechenland sich noch tiefer und abgründiger öffnet. Auch hier ist mein Optimismus nicht groß, jedoch muss man seine Pflicht unabhängig von den eigenen Stimmungslagen und Zukunftserwartungen erfüllen. Erlauben Sie mir, hinzuzufügen, dass bei der Auswahl all dieser Titel niemals das Kriterium meiner Zustimmung oder Ablehnung, Sympathie oder Antipathie für die jeweiligen Autoren eine Rolle gespielt hat. In den meisten Fällen wurden Werke ausgewählt, die ausdrücklich meinen eigenen Ansichten zum jeweiligen Thema entgegengesetzt waren. Es wurden sogar Autoren, die ich persönlich eher für oberflächlich halte, veröffentlicht, und zwar aufgrund des Kriteriums, dass sie im Mittelpunkt des allgemeinen Interesses standen und wesentlich die internationalen Diskussionen beeinflusst hatten. Das verstehe ich unter Pluralismus, und so versuche ich, meine eigene Subjektivität zu überwinden. Jedenfalls erscheint es mir nicht subjektiv oder bloß selbstgefällig zu sein, wenn ich sage, dass ich jene siebzig Bände, die übersetzerisch und publizistisch ein für Griechenland ungewöhnlich hohes Niveau haben, für einen wertvollen Beitrag zur Bildung des Landes halte. Wenn die Professoren der griechischen Universitäten, anstatt Bücher zu paraphrasieren und diese unter ihrem Namen zu veröffentlichen, jeder für sich zwei wichtige Werke des eigenen wissenschaftlichen Bereichs übersetzten, hätte unser bibliografischer Bestand bereits ein anderes Gesicht. Aber sie selber wissen gut, warum sie paraphrasieren, anstatt zu übersetzen: Sogar die gute Paraphrase ist einfacher als die gute Übersetzung.

Was mich betrifft, so habe ich mehr als zwanzig Bände aus vier fremden Sprachen übersetzt, und zusätzlich habe ich den *Hieron* von Xenophon ins Neugriechische übersetzt. Besonders befriedigt mich die Tatsache, dass ich zur Veröffentlichung klassischer Texte mit einer zweibändigen Auswahl aus dem Werk von Machiavelli, mit meiner Mitarbeit bei der Übersetzung von Montesquieus Werk und mit der Übersetzung der Werke von Marx beigetragen habe. Aber sind nicht, wenn auch in anderen Bereichen, Schiller und Lichtenberg, Chamfort und Rivarol oder Pavese ebenso klassisch? Wenn ich gerade von solchen Übersetzungen spreche, schlägt mein Herz stärker, da ich auf die bereits lange Geschichte eines sehr geliebten Kapitels meines geistigen Lebens zurückschaue: Ich meine mein Verhältnis zur griechischen Sprache. Es ist die einzige, zumindest die einzige europäische Sprache, die eine lückenlose Geschichte von ungefähr dreitausend Jahren hat, während sie zugleich verschiedene Weiterentwicklungen und Modifizierungen durchlief. Aber ihre vorausgegangenen Formen haben sich nicht verflüchtigt, sondern überleben noch unterschiedlich in ihr als Sedimente und Schichten, die die Diachronie zur Synchronie umgestalten. Homer und das klassische Attisch, die gemeine und die gelehrte byzantinische Sprache, die Kirchensprache und die Sprache des Volksliedes, die Sprachen der kretischen Epen, die archaisierende und die einfache, von volkstümlichen Elementen gereinigte Gelehrtensprache (Katharevousa), die bürgerliche Alltagssprache und die dialektalen Überreste – all dies sind noch heute Quellen, aus denen die sprachliche Ästhetik, aber auch die Ausdrucksnot schöpfen können. In der Einzigartigkeit dieser Sprache liegt, meine ich, die sonst paradoxe Tatsache, dass das neuere Griechenland, das nichts zum theoretischen Denken oder der technischen Zivilisation beitrug, immer wieder hohe Dichtung geboten hat und weiterhin bietet. Die Dynamik dieser unwiederholbaren Sprache gebiert von alleine Dichtung – sie spült Dichtung heraus, möchte ich sagen. Von Anfang an empfand ich die griechische Sprache als eine Einheit und las sie gierig als eine Einheit in den Monumenten aus allen Zeitaltern. Da ich sie in gewisser Weise verraten hatte, konnte ich sie allerdings durch die erzwungene Distanz verstehen und sie sogar mehr lieben. Vielleicht ist dies in meinen Übersetzungen bemerkbar – und in diese schließe ich auch die Übersetzungen meiner eigenen Bücher aus dem Deutschen ein, und es ist mir nie eingefallen, sie einem anderen aufzutragen. Die Gerechtigkeit würde erfordern, dass ich auch all das hier erwähne, was meine Sprachfertigkeiten den europäischen Literaturen schulden, die mich ebenfalls seit eh und je begleiten. Aber das ist ein anderes, ebenso großes und ebenso geliebtes Kapitel.

ST: Und noch eine letzte Frage, Herr Kondylis. Sind Sie links oder rechts?

PK: Wenn ich die ideologischen Illusionen der »Rechten« seziere, halten mich viele für »links«. Wenn ich die entsprechenden Selbstillusionen der Linken abhöre, bezeichnen mich viele als »rechts«. Meine eigene Position bleibt gewiss unverändert in beiden Fällen. Denn in beiden Fällen verwende ich dieselben analytischen Instrumente, und in beiden Fällen ist meine Absicht keineswegs, der einen Seite polemische Argumente gegen die andere zu liefern, sondern die Dinge aus einer breiteren und höheren Perspektive zu sehen – und eine solche Perspektive ist, wie bekannt, allen unnütz, die für ihre Fraktion kämpfen, zugleich (ob eigennützig oder altruistisch, interessiert hier nicht) für sich selbst kämpfen, das heißt für die Identität, die es ihnen erlaubt, sich zu orientieren und gesellschaftlich zu überleben. Gerade die Verwobenheit der politischen Ideologie mit den jeweiligen Bedürfnissen der persönlichen Identität verleiht den Streitigkeiten zwischen Trägern der verschiedenen Ideologien eine Schärfe, die nicht kompatibel mit der differenzierten Betrachtung des anderen ist. Denn in dem Maße, in dem der eine recht hat, hört der andere auf, recht zu haben, das heißt, seine Berechtigung, Träger dieser Ideologie zu sein, wird beeinträchtig. Auf diese Weise zwingt die psychische Ökonomie zu schnellen Einordnungen und verkürzenden Beurteilungen, wobei dem anderen die düstersten Motive und die übelsten Absichten zugeschrieben werden.

Eine der entscheidenden Entdeckungen in meinem geistigen Leben, die ich – glücklicherweise nicht zu spät – machte, als ich mich selbst noch engagiert fühlte, ist, dass dein Gegenüber, den du für einen Gegner oder Feind hältst, der vielleicht sogar dein Verfolger ist, ein gleichermaßen reines Gewissen und ebenso reine Motive haben kann wie du; er kann von derselben unerschütterlichen Überzeugung über sein Recht inspiriert sein. Die Dinge sind nicht so, wie sie etwa in den belehrenden und propagandistischen Werken Brechts erscheinen, die solch eine Faszination ausübten, gerade weil sie mit dem Messer das Schwarze und Weiße trennen. Hier ist der Feind, nämlich der »Böse«, nicht nur objektiv böse, sondern er weiß es sogar selber, und er genießt es. Gegenüber einem solchen Subjekt ist es selbstverständlich überflüssig, irgendwelche intellektuellen oder psychischen Zweifel zu haben. Nicht ohne ein wenig Stolz kann ich sagen, nie Antipathie gegenüber jemandem empfunden zu haben, weil er mit mir in politischen Fragen nicht übereinstimmte, noch habe ich für jemanden Sympathie empfunden, weil er mir zufällig zustimmte, seitdem ich die Differenz zwischen ethischer Qualität und politisch-ideologischen Vorlieben bis in ihre letzten Konsequenzen verstanden habe. Persönlich unerträglich ist mir nur der Mangel an Humor – und Humor bedeutet nicht die Fähigkeit, auf Kosten der anderen zu lachen, sondern die Fähigkeit, mit den anderen zusammen auf eigene Kosten zu lachen, die Fähigkeit, sich selbst zu relativieren. Allerdings scheint auch der völlige Mangel an Humor verständlich und verzeihbar, wenn wir bedenken, wie tief das Bedürfnis nach Identität und wie unerbittlich die Logik zur Sicherung solcher Identität ist. Unter diesen Umständen ist der ideologische Irrtum der natürliche Zustand, und es ist oft auch zufällig, ob der Irrtum »rechte« oder »linke« Vorzeichen hat. Alle haben gleiche Rechte in der Illusion, da nicht alle dieselbe Fähigkeit oder denselben Mut zur Erkenntnis haben. Manchmal bedauere ich nachträglich, dass ich in einer Diskussion auf der Verteidigung »unangenehmer Diagnosen« oder Ansichten beharrte, mehr als es die psychische Ausdauer oder die Wahrnehmungsfähigkeit meines Gesprächspartners erlaubten. Es wäre sicherlich sehr schwer, ihm zu erklären, dass mich zu diesem Insistieren nicht der Eigensinn und das

Bedürfnis führt, ihn zu »ändern«, sondern vielmehr meine unpersonifizierte Liebe für die Kohärenz und Vollständigkeit einer Argumentation. Wie auch immer, die meisten Menschen halten es fast für unnatürlich, dass die anderen Menschen ihnen entgegengesetzte Auffassungen vertreten. Im Gegensatz dazu bin ich eher überrascht, wenn jemand mit mir übereinstimmt.

Ich war, glaube ich, nicht einseitig bei der Analyse »rechter« und »linker« ideologischer Irrtümer, ich beschränkte mich nicht auf die Anatomie der kommunistischen Eschatologie, sondern trat ein in eine eindringliche Untersuchung der Ideologeme des klassischen und neueren Konservativismus, während in meinen politisch-strategischen Analysen nach dem Ende des Kalten Krieges die Kritik des ökonomistischen und universalistischen »Neoliberalismus« eine zentrale Stellung einnimmt. Im Allgemeinen habe ich die Überzeugung begründet formuliert, dass die Trichotomie des politischen Spektrums in »Konservativismus«, »Liberalismus« und »soziale Demokratie (Sozialismus)« eine spezifische Folge der europäischen Neuzeit war, die ihre Bedeutung in dem Maß verliert, in dem das Zeitalter der Neuzeit sich im massendemokratischen planetarischen Zeitalter auflöst. Denn das Problem der Güterverteilung stellt sich nicht mehr zwischen formierten sozialen Klassen im Rahmen getrennter Nationen und immer noch ausreichender natürlicher Ressourcen, sondern es stellt sich nach der Auflösung der klassischen sozialen Klassen in dem massendemokratischen Trichter und im Rahmen eines Planeten, auf dem die demografischen und ökologischen Belastungen allmählich unerträglich werden. Die nackten biologischen Größen ersetzen zunehmend die traditionellen Größen mit ihrer jeweiligen ideologischen Verpackung. Keine »rechte« und keine »linke« Weisheit wird helfen, wenn acht oder zehn Milliarden Menschen manisch danach streben, so viele Ressourcen zu verbrauchen, so viel Energie und so viele Güter wie die Nordamerikaner und Europäer. Die Politik wird biologisch, da sie bloß zur Verteilung von Ressourcen (auch ökologischen Ressourcen) über einen inzwischen sehr engen Planeten eingesetzt wird. Wie wir sehen, wird die zwangsläufige Trennung von den politischen Ideologien der europäischen Neuzeit nicht das Ende der Kämpfe zwischen den Menschen bedeuten, sondern bloß Kämpfe ohne solche Ideologien bringen – im schlimmsten Fall wird sie eine Rückkehr zu den nackten existenziellen Auseinandersetzungen bedeuten, die nicht einmal ideologischer Beschönigungen und ideologischer Verpackungen bedürfen. Die Ersetzung unserer bekannten politischen Ideologien durch biologische Kriterien und Größen würde in diesem schlimmsten Fall keine willkommene Befreiung der menschlichen Geschichte von dem überflüssigen Ballast ursprünglicher Illusionen bedeuten, sondern das Gegenteil: Sie würde eine so belastete Situation signalisieren, dass sie zusätzlich nicht einmal das kleine Gewicht einer ideologischen Seifenblase tragen kann.

Quellennachweise

Panajotis Kondylis im Gespräch mit
Marin Terpstra

»Nur Intellektuelle behaupten, dass Intellektuelle die Welt besser verstehen als alle anderen«, zuerst abgedruckt in: *Deutsche Zeitschrift für Philosophie* 42, 4 (1994), S. 683–694; unter dem Titel »Skeptische Wahrheitssuche gegen normative Entscheidung« wiederabgedruckt in: Panajotis Kondylis, *Machtfragen. Ausgewählte Beiträge zu Politik und Gesellschaft*, Darmstadt 2006, S. 158–172.

Panajotis Kondylis im Gespräch mit
Spyros Koutroulis

»Η ΣΥΝΕΝΤΕΥΞΗ ΤΟΥ ΠΑΝΑΓΙΩΤΗ ΚΟΝΔΥΛΗ«, in: *Νέα Κοινωνιολογία* 25 (1998), S. 17–36; deutsche Erstveröffentlichung zuerst abgedruckt als »Die Geschichte lauert. Sozialontologie, Macht und die Zukunft des Griechentums«, in: *Deutsche Zeitschrift für Philosophie* 60, 3 (2012), S. 397–418, aus dem Griechischen von Anastasia Daskarolis.

Panajotis Kondylis im Gespräch mit
Spyros Tsaknias

»Εκπλήσσομαι αν κάποιος συμφωνεί μαζί μου. Συνέντευξη στον Σπύρο Τσακνιά«, in: *Διαβάζω* 384 (1998), S. 122–137; deutsche Erstveröffentlichung als »Der Irrtum ist der natürliche Zustand«, in: *Etappe* 22 (2014/15/16), S. 22–46, aus dem Griechischen von Anastasia Daskarolis.

Erste Auflage Berlin 2023

MSB Matthes & Seitz Berlin
Verlagsgesellschaft mbH
Großbeerenstr. 57A | 10965 Berlin
info@matthes-seitz-berlin.de

Satz: Monika Grucza-Nápoles, Gdynia
Druck und Bindung: GGP Media GmbH, Pößneck
Umschlaggestaltung nach einer Idee von
Pierre Faucheux

ISBN 978-3-7518-3005-8
www.matthes-seitz-berlin.de